INVENTAIRE
Y2 14707

AF464539

LES AVENTURES

DE

KARL BRUNNER

PARIS. — IMPRIMERIE DE J. CLAYE, RUE SAINT-BENOIT, 7.

ALFRED ASSOLLANT

LES AVENTURES DE KARL BRUNNER

DOCTEUR EN THÉOLOGIE

PAR LORD

CLAUDIUS HASTINGS CUMBERMERE

PARIS

COLLECTION HETZEL

E. DENTU, LIBRAIRE

Palais-Royal, Galerie d'Orléans, 13 et 17

1861

LES AVENTURES

DE

KARL BRUNNER

I

Étudiants et cuirassiers.

Un soir du mois de mai 1847, un étudiant entra dans l'hôtellerie de *l'Empereur Maximilien*, à Heidelberg, et voulut souper.

— Monsieur, dit l'hôte, rien n'est prêt. Voulez-vous une tranche de gigot froid aux confitures? une tarte aux pommes? un pâté à la rhubarbe?

— Pour qui me prenez vous, maître Jacobs? dit l'étudiant. Je veux un souper en règle, et pour moi seul.

En même temps, il tira de sa poche et fit sauter dans sa main une bourse pleine de florins.

— Monsieur, dit Jacobs, excusez mon erreu
J'avais cru...

— Tu ne devais rien croire, esclave, avant d'avo
reçu mes ordres. Va chercher ton garde-mang
et ta cave ; j'ai de quoi les payer. Un pâté de rh
barbe, une tranche de gigot, à moi, Karl Brünne
ci-devant étudiant de la noble et sainte univers
de Heidelberg et, depuis une heure, docteur
théologie !

— Monsieur le docteur, dit Jacobs, je vais fa
préparer un souper digne de vous et de cette nol
université.

— C'est bien, envoie-moi deux bouteilles de t
meilleur vin du Rhin. Je prendrai plus aiséme
patience en attendant le souper.

L'hôte s'inclina avec une familiarité respectueu
et courut à la cuisine et à la cave. L'étudiant, res
seul, battit quelque temps la mesure sur la tal
avec ses doigts, et se mit à chanter des airs patrio
ques. C'était un jeune homme de vingt-trois ar
d'une figure sérieuse, douce et intelligente. Il ven
de terminer ses études ce jour-là même.

Après cinq minutes d'attente, un autre étudia
entra.

— Bonjour, Karl, dit le nouveau venu.

— Bonjour, Marcus Junius Brutus Brandt,

Karl. Veux tu souper avec moi? Le premier de tous les plaisirs, dit le sage Li, si célèbre dans l'histoire de la Chine, est de souper avec un ami.

— Et le second?

— De souper seul.

— Soupons donc. Es-tu en fonds?

— Plus que jamais, très-cher. J'ai reçu hier deux cents florins.

— Deux cents florins! Es-tu par hasard actionnaire des mines de Potosi?

— Non.

— Ou directeur de quelque chemin de fer? As-tu hérité de quelque juif?

— Non, je suis tout simplement propriétaire d'une ferme de six mille florins de revenu.

— Salut, ô ami six fois millionnaire!

Karl remplit son verre et celui de son camarade.

— Diable! dit Marcus Junius Brutus Brandt après avoir bu, c'est du vrai Johannisberg, cela. Est-ce encore un vin de ta ferme?

— Par Odin et les Walkyries, répondit Karl, ma ferme produit bien autre chose encore que du Johannisberg. En semant mes florins dans le monde, je récolterai, si je veux, du plaisir, des places, des honneurs, de la gloire même.

— De la gloire! dit Brandt.

— Pourquoi non? Qu'est ce que la gloire? C'est le bruit que font les autres hommes quand ils parlent de nous. Or, pour un florin par tête et par jour, j'obligerai tous les journalistes de l'Allemagne à chanter mes louanges.

— Il y a bien des journalistes entre la Vistule et le Rhin, dit Brandt.

— Supposons qu'il y en ait mille. C'est mille florins qu'il m'en coûtera pour entendre toute l'Allemagne dire pendant vingt-quatre heures : *l'illustre Karl Brünner, ce grand docteur en théologie, ce génie dont s'honore la patrie allemande, a soupé hier à l'hôtel de l'Empereur Maximilien, à Heidelberg.*

— Il y a du vrai, dit Brandt.

— Du vrai! Tout est vrai. Encore n'ai-je pas compté les ricochets que ma gloire peut faire d'un bout à l'autre de l'Europe.

— Qu'entends-tu par là?

— As-tu jamais lancé sur l'eau des palets arrondis?

— Mille fois. C'est le plus noble amusement des grandes âmes.

— Après souper!

— Après souper, soit. Il y a dans cet exercice je ne sais quoi de sérieux et de philosophique qui élève le cœur de l'homme au-dessus du bourbier infect de notre planète sublunaire.

— Bien dit. Buvons un coup. La soif est ennemie de l'éloquence.

— Buvons.

— Suis ma comparaison. Le palet, lancé adroitement, trace sur la surface de l'eau un léger sillon qui s'arrondit et s'étend en cercles concentriques de plus en plus étendus et de moins en moins sensibles. Ainsi fera ma gloire. Éblouissante à Heidelberg, elle sera belle encore à Leipzig, plus pâle à Berlin et à Vienne, presque effacée à Paris, tout à fait inconnue à Pétersbourg.

— Admirable! mais cette gloire ne durera que vingt-quatre heures.

— Vingt-quatre heures de gloire! Crois-tu, mon cher Brandt, qu'il y ait beaucoup de grands hommes qui puissent en espérer autant? Crois-tu que Leibnitz en ait eu davantage. Occuper de soi l'univers pendant vingt-quatre heures, est-ce si peu de chose? C'est de cela, mon ami, qu'on flatte les rois. Deux millions d'automates, qui montent la garde d'un bout de l'Europe à l'autre, n'ont pas d'autre espérance que d'être mis un jour dans la gazette.

— Chut! dit Brandt. Voici des étrangers, ne parlons pas politique.

Au même moment, trois officiers, dont un colonel, un major et un capitaine de cuirassiers, portant l'uniforme prussien, entrèrent dans la salle à manger. Deux domestiques à la livrée du colonel les suivaient. Derrière eux marchait l'hôte, le bonnet à la main, le menton sur la poitrine, dans une attitude pleine de respect et d'admiration. Il attendait les ordres du colonel.

Celui-ci jeta bruyamment sur la table sa cravache, son chapeau et ses gants, et se tournant vers l'un de ses domestiques :

— Fritz, dit-il, détache mes éperons.

Fritz s'empressa d'obéir.

— Et toi, dit le colonel à maître Jacobs, qu'as-tu à souper?

— Tout ce qu'il vous plaira, monsieur le comte.

Et il fit l'énumération des provisions que contenait son garde-manger.

— N'as-tu rien autre chose?

— Rien, monsieur le comte, mais je vais envoyer chercher tout ce qui pourra vous faire plaisir.

— Fritz!

— Présent, mon colonel.

— Qu'as-tu vu à la broche?

— Un rable de lièvre et un perdreau, mon colonel.

— Tu entends, maître Jacobs, ce que dit Fritz? Pourquoi ne m'as-tu pas parlé de ce lièvre et de ce perdreau?

— Pardon, monseigneur, c'est le souper de messieurs les étudiants.

— Eh bien, qu'ils aillent souper ailleurs! J'aime le lièvre à la broche.

— Mais, monseigneur...

— Que de raisons! tu m'as entendu, c'est assez.

Maître Jacobs devint très-inquiet. D'un côté, il craignait de mécontenter un si noble seigneur qui devait payer fort bien, à en juger par les apparences; de l'autre, il craignait encore plus de se brouiller avec les étudiants qui formaient la meilleure partie de sa clientèle. Il tourna vers Karl Brünner un regard suppliant. Karl comprit ce regard.

— Notre souper est fort menacé, dit-il à Brandt.

Celui-ci, depuis quelques minutes, résistait avec peine au désir de jeter son verre à la figure de l'insolent étranger. Il se leva à demi pour exécuter ce beau dessein, mais Karl le retint.

— Reste tranquille, dit-il à son ami, c'est moi qui t'ai invité; c'est moi qui dois veiller à ce que nous soupions en paix.

A ces mots, il s'avança d'un air gracieux vers le colonel.

— Monsieur, dit-il, je m'appelle Karl Brünner, docteur en théologie. A qui ai-je l'honneur de parler?

— Au comte de Reuss-Schleiss-Lippe-Hohenzollern de Schauenstein, colonel de cuirassiers au service de Sa Majesté le roi de Prusse.

— Monsieur le comte de Reuss-Schleiss-Lippe-Hohenzollern de Schauenstein, reprit Karl d'une voix plus douce que le gazouillement de la colombe, vous avez paru désirer que maître Jacobs vous servît notre souper...

— Je n'ai pas paru désirer, monsieur, dit insolemment le colonel, j'ai ordonné, voilà tout.

— C'est ce que je voulais dire, monsieur le comte, et nous sommes heureux, mon ami Brandt et moi, de vous obéir. Donnez-nous du fromage et des noix, maître Jacobs, c'est le vrai souper d'un étudiant.

Jacobs sortit aussitôt et fit porter le fromage et les noix.

— Il est bien heureux, dit sa femme, que l'affaire se soit terminée ainsi : si c'eût été quelque autre étudiant plus prompt à dégaîner, il y aurait eu du sang versé.

— Hum! hum! dit Jacobs, je ne m'y fie pas. Karl Brünner est un excellent jeune homme, très-doux, très-instruit, très-aimé de ses camarades, mais il n'est pas d'un caractère à souffrir une insulte, et je crains quelque accident. La soirée n'est pas finie.

— Eh bien, dit la femme, que crains-tu? Personne n'a de reproches à te faire. Tu ne fais qu'obéir aux ordres qu'on te donne. Laisse-les se casser la tête si cela leur fait plaisir.

Pendant ce temps, tout le monde s'était assis dans la salle à manger.

— Je savais bien, dit le colonel à ses deux amis, qu'il ne fallait que montrer les dents à ces étudiants pour les faire reculer.

— De mon temps, dit le major, gros homme de quarante ans environ, on était moins patient; mais la jeunesse dégénère.

— Depuis Adam, dit le capitaine, les pères l'ont toujours dit, et les enfants ne l'ont jamais cru.

— Pardieu, dit le colonel, je regrette que ce blanc-bec ne m'ait pas fourni l'occasion de donner un coup de sabre. Depuis trois mois, je n'ai pas eu la plus petite rencontre. Ma main se rouille.

— Ce n'est pas étonnant, dit le major, votre réputation effraye les plus braves. A chaque coup, vous détachez un bras, une épaule, une tête. On ne sort de vos mains que mort ou estropié.

— Que voulez-vous, mon cher? il faut bien employer à quelque chose la force que Dieu nous donne. Je ne puis pas soulever des fardeaux, c'est un amusement de portefaix; je ne puis pas toujours être à cheval, je fatigue trois chevaux par jour; il faut bien que j'aille dans les salles d'armes. Tant pis pour qui se trouve en face de moi.

— C'est juste, dit le capitaine, l'homme est né pour travailler, la femme pour parler, et le colonel de cuirassiers pour sabrer les étudiants.

— Ou plutôt pour leur faire peur, dit le colonel, car ils n'oseraient accepter le défi.

— Entends-tu ce fanfaron? dit Brandt. Dieu me pardonne, il faut que je lui coupe les oreilles.

— Par les onze mille vierges de Cologne, tu n'en feras rien, dit Karl avec autorité. Cet homme est à moi, c'est moi qu'il a insulté. Va chercher querelle au major et au capitaine si cela te fait plaisir; mais quant au comte de Reuss-Schleiss, etc., je ne le cède à personne.

— En attendant, dit amèrement Brandt, il se moque de nous.

— Patience, dit Karl, rira bien qui rira le dernier.

En même temps, il se pencha et parla tout bas à son ami, qui fit un signe d'approbation.

— C'est convenu, dit Brandt ; mais qui sera le troisième ?

— Bah ! répondit Karl, le hasard en décidera.

Comme il finissait de parler, maître Jacobs entra dans la salle, suivi de trois domestiques qui portaient le souper des officiers.

Ce souper était magnifique. Maître Jacobs s'était surpassé.

— Il faut avouer, dit Karl, qu'il est fâcheux de n'avoir que des noix et du fromage en face d'un souper pareil.

A ces mots, il se leva, s'avança vers la table, prit des mains des domestiques stupéfaits les plats qu'ils portaient et les mit sur sa propre table. Brandt l'imita, et en un instant les deux amis se trouvèrent en face du plus beau souper du monde. L'action des deux étudiants fut si prompte que personne n'eut le temps de s'y opposer.

— Qu'est-ce que cela signifie, mes drôles ? s'écria le colonel furieux.

— Cela signifie, monseigneur, dit tranquillement Karl, que vous avez cru manger notre souper et que nous mangerons le vôtre.

— Fritz, et vous, Georges, dit le colonel, jetez-moi ces coquins par la fenêtre.

Les deux domestiques s'avancèrent d'un air indécis.

Karl sonna. L'hôtelier s'était retiré prudemment dans sa chambre, attendant l'issue du conflit qu'il prévoyait. Au bruit de la sonnette, il s'avança tout tremblant.

— Qu'y a-t-il pour votre service, messieurs? dit-il humblement.

— Maître Jacobs, dit Karl, veuillez attester à monsieur le comte de Reuss-Schleiss-Lippe-Hohenzollern de Schauenstein, colonel des cuirassiers de Sa Majesté le roi de Prusse, que nous sommes des étudiants paisibles et non pas des coquins.

— C'est la vérité pure, dit maître Jacobs.

— Veuillez lui dire qu'on ne jette pas des étudiants par les fenêtres à Heidelberg.

— Ah! monsieur le comte, dit l'hôtelier effrayé, voulez-vous faire de ma maison paisible un lieu de trouble et de scandale?

— Paix! imbécile, dit le colonel, si l'on casse quelque chose, on te le payera.

— C'est bien, dit Karl, vous pouvez vous retirer, maître Jacobs.

— Fritz, dit le colonel d'une voix foudroyante, jetez-moi ces drôles par la fenêtre.

— Fritz, dit Karl en arrachant de la ceinture de l'hôte le couteau de cuisine large et tranchant qui était comme la marque de sa dignité, mon bon Fritz, sors d'ici à l'instant, et toi aussi, mon bon Georges, si vous ne voulez pas que je vous fende le ventre en quatre.

Les deux domestiques effrayés sortirent.

— A nous deux maintenant, dit Karl ; monsieur le comte, je suis à vos ordres.

Le colonel tira son sabre et s'avança sur son adversaire qui l'attendait de pied ferme. Tout à coup, Brandt revint de la cuisine où il était allé chercher des armes. Il tenait dans ses mains deux broches. Karl en prit une, et tous deux firent face au colonel. Jusque-là, les deux autres officiers étaient restés neutres. A la vue des deux broches ils tirèrent leurs sabres et s'avancèrent au secours du comte de Schauenstein.

— Par le ciel! dit Karl, voilà un combat homérique. Il en sera parlé jusque dans les montagnes de la lune. Permettez-moi, cependant, mon cher colonel, de vous faire une observation. Si vous me tuez à coups de sabre, ma mort n'a rien que d'honorable et de glorieux. Mais si je vous embroche, franchement, vous serez comparé à un dindon, et votre triste aventure sera pour les générations à venir un sujet de rire immortel. Les chances ne sont donc pas égales entre nous. Si, au contraire, vous voulez prendre patience, demain je serai à vos ordres, à pied ou à cheval, comme il vous plaira.

— Mon cher colonel, dit le major, ce jeune homme a raison. Si vous êtes embroché, eussiez-vous montré tout le courage du monde, on rira de vous. Prenez patience jusqu'à demain.

Le colonel réfléchissait, les dents serrées de fureur.

— Eh bien, à demain, s'écria-t-il, et j'espère que nous nous battrons avec des armes plus sérieuses.

— Mon cher colonel, dit Karl, vous m'avez insulté, j'ai le choix des armes. Chacun de nous se battra à sa manière. Prenez si vous voulez un cheval, un casque, une cuirasse, un fusil, des pistolets, un sabre, une hache, et même une pièce de canon, cela m'est égal ; je ne connais qu'une arme, et c'est avec celle-là que je veux me battre, mais, sachez, colonel, que je m'en sers admirablement. Tenez-vous sur vos gardes.

— J'accepte, dit le colonel, et cette fois, chien d'étudiant, tu ne m'échapperas pas.

— Oh ! oh ! dit Karl, des injures et des bravades, mon cher comte, voilà qui est de bon augure pour votre lieutenant-colonel. Je crois qu'il ne tardera pas à devenir colonel.

— A demain, messieurs, à midi, sur le bord du Necker, dit le major.

— A demain, dit Karl.

Les trois officiers sortirent.

— Eh bien, dit Karl, ne t'avais-je pas dit que nous souperions tranquillement ?

— Soupons, dit Brandt, mais je t'avoue que je suis inquiet.

— Pourquoi ?

— Connais-tu l'épée ?

— Non.

— Le sabre ?

— Non.

— Le pistolet ?

— Non.

— La baïonnette ?

— Non.

— La hache ?

— Non.

— Et tu vas te battre contre un spadassin renommé dans toute l'Allemagne, qui a tué vingt hommes en duel, et qui en a blessé plus de trente ?

— Assurément.

— Ta tranquillité m'effraye.

— M'as-tu jamais vu, dit Karl, faire des folies?

— Non, mais...

— M'as-tu vu agir sans réflexion ?

— Non, mais...

— Eh bien, prends courage, et sois sûr que je tiens à la vie autant que qui que ce soit, et que je ne me laisserai pas découper comme un poulet par ce vaillant cuirassier.

— Je le crois ; mais quelle est ton arme ?

— C'est mon secret.

— Dieu veuille que tu sois plus heureux que sage.

— Mon ami, dit Karl en se versant à boire, tout homme a sa destinée en ce monde. Tant que la mienne n'est pas accomplie, je n'ai rien à craindre de tous les cuirassiers du monde.

— Et quelle est ta destinée ?

— Cherche dans ton cœur, dit Karl, et tu y trouveras la réponse à ta propre question. Crois-tu que nous soyons faits pour fumer, boire de la bière, nous quereller et nous battre comme des soldats ivres ?

— Il se pourrait, dit Brandt, qu'il y eût des occupations plus utiles.

— Je te connais, Brandt, mieux que tu ne te connais toi-même. Ton âme est dévorée comme la mienne d'une noble et sublime ambition. Tu rêves la liberté de l'Allemagne.

— Qui te l'a dit? s'écria Brandt.

— Ai-je besoin qu'on me les confie, répondit Karl, pour découvrir les secrets de mes amis? Je t'ai deviné comme César devina Brutus et Cassius : « Je n'aime pas, dit-il, ces gens pâles et maigres. » Et moi, je les aime, comme ceux à qui le sort de l'humanité a été confié. Crois-tu, Brandt, que je n'aie pas remarqué ta vie solitaire, ton ardeur au travail, ton courage intrépide, ton mépris des plaisirs vulgaires? C'est à ce signe, ami, qu'on reconnaît les hommes que Dieu destine à de grandes entreprises. Tu fonderas la liberté, ou tu sauras mourir pour elle.

— Karl, dit Brandt, l'homme qui a su lire dans mon cœur est digne d'y tenir la première place. Veux-tu être mon ami?

Pour toute réponse, Karl lui serra la main.

— Ce n'est pas une amitié vulgaire que je te propose, reprit Brandt. C'est une amitié héroïque comme celle des anciens; soyons tout l'un pour l'autre, et que la liberté soit notre idole. Dès l'enfance, j'ai rêvé la mort glorieuse de ces Gracques qui donnèrent leur vie pour la liberté. Que la vie soit courte, ami, et qu'elle soit pleine de belles actions. Veux-tu faire le serment de mourir, s'il le faut, pour la justice et pour la liberté ?

— Je le jure.

Brandt se leva, ouvrit la fenêtre, et montrant de la main les étoiles qui brillaient dans le ciel :

— Et moi, dit-il d'une voix éclatante, je prends à témoin ces mondes inconnus où peut-être nous nous retrouverons un jour, que nous vaincrons ou nous mourrons ensemble.

— Messieurs, dit Jacobs, en entrant, il est bien tard.

— C'est bien, maître Jacobs, dit Karl. Nous partons. Il paya l'hôte et les deux amis sortirent.

II

Combat d'un sabreur et d'un philanthrope.

Rentré chez lui, Karl Brünner s'assit près de la fenêtre ouverte et regarda les étoiles. Il réfléchissait.

— Grâce à Dieu, dit-il, ma journée n'est pas perdue. J'ai maintenant un ami et un ennemi. Si j'avais une maîtresse, je serais un homme complet.

Il étendit la main vers le mur, prit délicatement entre le pouce et l'index une belle pipe de Kummer ornée de ciselures d'argent, secoua les cendres, soufila dans le tuyau pour s'assurer qu'il n'y restait aucun corps étranger, tira de sa poche une blague magnifique en cuir de Russie, bourra sa pipe avec soin, y mit le feu et leva les yeux vers le ciel.

— D'où vient que je songe si tard à l'amour? dit-il tout haut après un instant de réflexion. Quoi! j'ai vécu vingt-trois ans, occupé de grec, de latin, d'allemand, de français, d'anglais, d'histoire, de mathématiques, de physique, de théogonie, de théodicée, de théologie, de mille autres sciences aussi inutiles que profondes; je suis fort comme un Turc sur l'exégèse, personne ne me disputera le prix de la synthèse et des antinomies, je suis docteur enfin, docteur en droit canon, et je ne sais pas encore ce que c'est qu'une femme!

Il aspira une bouffée de tabac turc.

— Sur mon âme, voilà une ignorance impardonnable. Quoi! cet être céleste pour qui tant de gens ont fait tant de folies, cette Cléopâtre qui faillit faire perdre l'empire du monde à César, et qui le fit perdre réellement à Antoine, serait-elle du même sexe que la vieille Gretchen, ma portière? Il faut que je m'en informe avant huit jours.

Il réfléchit encore quelques minutes.

— Voilà une curiosité qui vient fort à propos. Je n'ai peut-être pas une demi-journée à vivre. Où donc ai-je vu l'histoire de ce sage indien qui, n'ayant plus qu'une heure à vivre, l'employa à jouer aux échecs? Il faut avouer que ma folie ressemble fort à la sienne. C'est égal, je veux en avoir le cœur net. Holà ! Gretchen !

— Eh bien, qu'y a-t-il ? dit en entrant une femme de quarante-cinq ou cinquante ans environ, ridée par le travail, couperosée par la réverbération du feu de la cuisine. Est-ce qu'on appelle les gens à cette heure? Vous devriez être couché.

— Ma bonne Gretchen, dit Karl d'une voix caressante, excusez-moi si je vous dérange ; j'ai soupé avec un ami, et je suis rentré un peu tard.

— Vous voilà toujours avec vos soupers d'amis. Ces étudiants n'ont ni ordre, ni économie, ils vont souper au cabaret et ils font des dettes.

— Ma bonne Gretchen, dit Karl, combien de fois ai-je soupé dehors cette année?

— C'est la première fois, je le sais bien, mais, il n'y a que le premier pas qui coûte.

— Gretchen, dit Karl qui commençait à s'impatienter, vous dois-je quelque chose?

— Non, monsieur.

— Ai-je des dettes chez mon tailleur ?

— Je ne crois pas, monsieur.

— Ai-je fait du bruit et dérangé les autres habitants de la maison ?

— Je n'ai rien entendu, monsieur Karl, mais...

— Eh bien, ma bonne Gretchen, si je ne dois rien à personne et si je ne dérange personne, gardez vos sermons et vos jérémiades pour une meilleure occasion.

— Cela est bien aisé à dire, monsieur, cria de nouveau la portière; mais on ne dérange pas une pauvre femme comme moi qui travaille quatorze heures par jour sans lui offrir quelque dédommagement.

— Gretchen, dit Karl, quand je suis entré dans cette maison, combien m'avez-vous demandé pour me loger, balayer ma chambre, et brosser mes habits?

— Dix florins par mois, monsieur.

— Et combien vous ai-je donné le mois dernier?

— Vingt florins.

— Et combien le mois précédent?

— Dix huit florins.

— Tenez, voici trois florins de plus, et ne criez pas. Envoyez-moi votre fille. Je pars demain matin pour un voyage de quelques jours et je veux faire mettre des boutons à mon habit.

La vieille Gretchen sortit remplie de joie; elle criait toujours misère, et, au fond de l'âme, elle était ravie de la générosité de l'étudiant.

Gertrude monta quelques instants après. C'était une belle fille de dix-huit ans, grande, bien faite, sans esprit, mais assez jolie et d'une douceur parfaite.

Karl la regarda un instant sans parler. Elle baissa les yeux et rougit. Cependant, comme les imbéciles se tirent toujours mieux d'embarras que les gens d'esprit, parce qu'ils ne songent qu'aux affaires présentes, et qu'on n'est pas exposé à brouiller ses idées quand on n'en a qu'une à la fois, elle rompit le silence la première.

— Monsieur Karl, dit-elle d'une voix douce, ma mère m'a dit que vous me demandiez. Qu'y a-t-il pour votre service?

Il y a de singulières associations d'idées. Pendant qu'elle parlait, Karl croyait entendre le discours suivant :

— Mon cher Karl, je vous aime depuis longtemps, et j'attendais pour vous l'avouer que vous m'eussiez dit vous-même : je t'aime.

Au discours qu'il avait cru entendre Karl répondit.

— Asseyez-vous, ma chère Gertrude, et soyez assez bonne pour coudre deux boutons à mon habit qui est en fort mauvais état.

Dans son esprit, sa réponse signifiait :

— Ma chère Gertrude, je suis bien aise de vous voir dans des dispositions si favorables, et puisque vous m'aimez, je puis bien vous avouer que je vous adore.

Gertrude s'assit, mit l'habit sur ses genoux et enfila son aiguille. Pendant qu'elle s'acquittait de ces fonctions avec la gravité d'une habile couturière, Karl se promenait en silence dans la chambre, cherchant un exorde. Gertrude le regardait du coin de l'œil, tout en cousant ses deux boutons. Le temps s'écoulait, et Karl ne trouvait rien. C'est le défaut des esprits délicats de vouloir trop bien faire.

Pendant qu'un philosophe tourne, cherchant la plus belle route, la mieux sablée, la plus unie, un palefrenier va droit au but, et, tout grossier qu'il est, réussit.

— Euréka! je t'aime! s'écria tout d'un coup Karl. Et s'agenouillant devant Gertrude, il l'embrassa tendrement, malgré sa résistance.

Si jamais quelqu'un fut surpris, c'est assurément cette bonne fille. Depuis deux ans elle voyait Karl tous les jours, le plus souvent, seule avec lui dans sa chambre; elle avait attendu, et, je suis forcé de l'avouer, désiré cette déclaration; mais elle avait fini par perdre patience, et commençait à prendre ses mesures pour ne pas rester fille plus longtemps lorsque la déclaration de Karl éclata comme une bombe. Gertrude se dégagea doucement des bras et des baisers de l'étudiant et, se levant, posa l'habit sur le lit.

— Monsieur Karl, dit-elle, je suis votre servante, la reprise est faite, bonsoir.

Et elle se dirigea vers la porte, mais Karl la prévint, la saisit de nouveau dans ses bras et lui dit :

— Ma chère Gertrude, vous ne sortirez pas ainsi sans explications, m'aimez-vous? moi, je vous adore.

Et tout en parlant, il l'embrassa de nouveau.

— Monsieur Karl, dit-elle naïvement, vous m'aimez, j'en suis bien aise ; mais j'aurais été bien plus contente il y a deux mois.

— Et pourquoi ?

— Monsieur, c'est qu'en ce temps-là je n'avais pris d'engagement avec personne.

— Ah! ah! dit Karl, et à présent ?

— Eh bien, à présent, dit Gertrude, Fritz Bauer, le tailleur, m'a dit qu'il m'aimait.

— Fritz Bauer, dit Karl un peu refroidi par l'idée d'un pareil rival ; n'est-ce pas un homme de trente-cinq ans?

— Oui, monsieur.

— Bossu ?

— Oh! non, monsieur, il n'est que voûté.

— Il est bossu, te dis-je.

— Voûté, monsieur.

— Eh bien, voûté, bossu, si tu l'aimes mieux ; les jambes cagneuses ?

— Oui, monsieur, et les pieds en dedans.

— Qui a un tic dans la figure ?

— Oui, monsieur.

— Et qui louche un peu ?

— C'est cela même.

— Mon enfant, dit Karl, je ne te félicite pas de ton choix. Bauer n'est pas beau.

— C'est vrai, monsieur Karl, mais il m'aime tant !

— Le beau mérite ! Tu es si jolie ! car tu es très-belle, Gertrude, sans que tu t'en doutes.

— Oh ! monsieur, Bauer me l'a bien dit.

— Hum ! dit Karl en grognant, et qui est-ce qui t'empêche de planter là ton Bauer ?

— Monsieur, il a promis de m'épouser.

— Bah ! il y a bien d'autres hommes sur la terre.

— C'est vrai, monsieur, dit Gertrude d'un ton de voix plus bas, mais je n'ai plus le choix.

— Comment ! tu n'as plus le choix ! tu l'aimes donc bien passionnément ?

— Pas trop, monsieur, car je lui ai découvert

depuis quelques jours bien des défauts dont vous n'avez pas parlé. Il est ivrogne; il est brutal, et hier, comme je lui disais qu'il sentait le vin, il a cassé sur mes épaules une baguette qu'il avait à la main.

— Et tu veux l'épouser? Malheureuse enfant! s'il ose déjà te battre, après le mariage il te tuera.

— Ah! monsieur Karl, dit la pauvre Gertrude, ce n'est plus pour moi que je veux l'épouser.

— Et pour qui donc?

— Pour mon enfant, dit-elle si bas que Karl la devina plutôt qu'il ne l'entendit.

— Comment! tu es enceinte?

— Hélas! oui.

— Ouf! dit Karl. Et de ce magot?

— Hélas!

— Par le ciel, se dit Karl, je voulais étudier les femmes. Voilà un beau début, et je n'ai que faire d'aller plus loin.

Il se promena quelque temps en silence. Gertrude le regardait avec inquiétude, ne sachant quel effet avait produit son naïf aveu.

— Gertrude, dit-il, en s'arrêtant tout à coup devant elle, votre mère le sait-elle?

— Non, monsieur.

— Et comment as-tu pu prendre pour amant un singe de cette espèce?

— Hélas! monsieur, je croyais prendre un mari. Depuis six mois il disait qu'il m'aimait, que j'étais la plus belle fille de Heidelberg; il me demandait à genoux de l'épouser; il me parlait de son établissement, il voulait faire de moi une bourgeoise, que sais-je?

— Les filles, dit Karl, se prennent au miroir comme les alouettes. Que le premier venu leur dise qu'elles sont belles, les voilà prises. Elles cèdent à l'amour qu'elles ont, non pas pour leur amant, mais pour elles-mêmes. Est-il riche, au moins? ajouta-t-il en se tournant vers Gertrude.

— Il a une boutique sur la rue et cinq cents florins d'économies.

— Et pourquoi ne t'épouse-t-il pas tout de suite?

— Hélas! monsieur Karl, c'est ce que je lui dis tous les jours, mais il me répond qu'il n'est pas de ce pays-ci, qu'il est né à Dusseldorf, dans la Prusse rhénane, qu'il lui faut du temps pour obtenir ses papiers et le consentement de son père. Enfin, hier, comme je le pressais de les demander, il m'a répondu brutalement qu'il ne voulait pas épouser une fille pauvre et sans parents.

— Est-ce que tu n'as pas de mère?

— J'ai ma mère, monsieur Karl, mais elle n'a jamais été mariée.

— Comment se fait-il, dit Karl, que la malédiction jetée sur les parents retombe toujours sur les enfants? Décidément, tu veux épouser ce Bauer?

— Hélas! monsieur Karl, je ne veux pas que ma fille, si j'ai une fille, me reproche jamais sa naissance.

— Tu as raison, Gertrude, et tu es une bonne femme. Va, je te le promets, demain tu seras mariée. Bonsoir.

A ces mots, il lui prit amicalement la main, l'embrassa, la conduisit jusqu'à la porte et se coucha tranquillement.

Le lendemain, son ami Brandt entra dans la chambre :

— Debout, paresseux!

— Quelle heure est-il? dit Karl en étendant les bras.

— Huit heures.

— Eh bien, qui nous presse? Le rendez-vous n'est qu'à midi.

— Oui, mais il faut déjeuner, il faut chercher un autre témoin; il y a cent choses à faire le jour d'un duel.

— Tu me rappelles, dit Karl, que j'ai une petite précaution à prendre.

— Laquelle?

— Faire mon testament.

— Oh! oh! dit Brandt ému, te crois-tu si près de mourir? Pourquoi ne m'as-tu pas laissé provoquer ce gros cuirassier? Je connais toutes les armes, et je te réponds qu'il n'aurait pas eu bon marché de moi.

— Je le sais, ami. Marcus Junius Brutus Brandt est connu comme la meilleure lame de l'université de Heidelberg; mais l'insulte ne regarde que moi. Ne t'inquiète de rien. Je me crois sûr de vaincre, c'est par excès de prudence que je veux faire mon testament. Jamais, comme disent les notaires, le testament n'a tué le malade.

— Fais-le donc.

Karl écrivit et donna le papier à Brandt.

« Article Ier. Je donne et lègue tous mes biens, consistant en une ferme de six mille florins de revenu, à Marcus Junius Brutus Brandt, à la charge par lui d'employer le produit entier de ce legs suivant les instructions que je lui ai données de vive voix. »

Je veux, dit Karl en forme de commentaire, que tu emploies cette somme dans l'intérêt de la liberté de l'Allemagne.

« Article II. Marcus Junius Brutus Brandt prélèvera, avant toute chose, sur ce legs, une somme de cinq cents florins qu'il donnera à Gertrude Pfister, fille de Gretchen Pfister.

« Article III. Je lègue à Marcus Junius Brutus Brandt mon fusil de chasse et mes livres, et le prie de les accepter comme un souvenir d'amitié. »

— Que le diable t'emporte avec ton testament, dit Brandt. L'Allemagne n'a pas besoin de ta ferme, et je n'ai pas besoin de tes livres. Je ne vois guère que Gertrude à qui tu puisses conserver son legs. Comment l'a-t-elle gagné ?

Karl lui raconta la conversation qu'il avait eue la veille avec Gertrude, et la promesse qu'il avait faite de la marier avec le tailleur. Brandt l'écouta tranquillement et lui dit :

— Mon ami, il n'y a pas à revenir sur ta parole; mais laisse-moi te dire que si tu veux doter toutes les filles qui se marient sans prêtre et sans notaire, la banque d'Angleterre et la banque de France réunies ne te suffiront pas.

— Ce sera la première et la dernière, dit Karl. Gretchen ! cria-t-il.

La vieille femme accourut.

— Allez chercher maître Fritz Bauer, le tailleur, dit Karl.

Lorsqu'elle fut sortie, Karl appela Gertrude.

— Ma chère Gertrude, dit-il, Bauer va venir ici tout à l'heure. Tu seras témoin des propositions que je veux lui faire. Cache-toi derrière ce rideau, dans l'alcôve. Tu connaîtras à fond l'homme que tu veux épouser.

Quelques minutes après, maître Fritz Bauer entra dans la chambre de Karl. C'était un petit homme fort laid et d'une physionomie repoussante.

— Maître Bauer, asseyez-vous, je vous prie, dit Karl, j'ai à vous parler d'une affaire sérieuse.

Bauer s'assit en face des deux étudiants. Ce début presque solennel lui donnait de l'inquiétude.

— Maître Bauer, dit Karl, vous aimez Gertrude Pfister?

— Heu! heu! dit Bauer en ricanant.

— Vous l'avez séduite.

— Comment le savez-vous, monsieur? dit aigrement Bauer.

— Peu importe comment. Elle est enceinte.

— Qu'est-ce que cela vous fait? Êtes-vous son père ou son frère?

— Je ne suis rien de tout cela, maître Bauer. Je suis son ami, chargé par elle de ses intérêts, voilà tout.

— Il y a des amis de bien des espèces, dit le tailleur. Un homme de votre âge, ami d'une fille de dix-huit ans...

— Maître Bauer, dit Karl indigné, vous savez mieux que personne que cette jeune fille n'a aimé que vous.

— Et quand je le saurais?

— Vous lui avez promis de l'épouser. Êtes-vous disposé à tenir votre promesse?

— Monsieur, dit le tailleur, je pourrais vous dire que cela ne vous regarde pas; mais je veux bien être poli avec vous et vous donner ma vraie raison. Gertrude est enceinte, c'est vrai. Elle dit que j'ai promis de l'épouser, c'est encore vrai; mais si l'on tenait toutes les promesses de ce genre qu'on est exposé à faire, on aurait à la fin plus de femmes que le roi Salomon; et en vérité, monsieur, oui, en vérité, c'est trop pour un petit tailleur comme moi. J'ai boutique et pignon sur rue. J'ai cinq cents florins d'économies. J'ai la pratique de messieurs les étudiants, qui ne payent pas toujours exactement.

— Hein? dit Brandt.

— Oh! monsieur, rassurez-vous, ceux qui payent, payent double. J'y trouve encore mon profit. Voulez-vous que j'aille m'embarrasser de Gertrude

Pfister, qui n'a pas un florin, qui est bonne ouvrière, je l'avoue, mais qui gagnerait à peine sa nourriture. Non, messieurs, je suis riche, ou du moins en passe de le devenir, et je veux que ma femme soit riche comme moi. Si je donne le dîner, je veux que ma femme fournisse le souper.

— N'est-ce que cela qui vous arrête? dit Karl.

— Trouvez-vous que ce soit peu de chose? répliqua le tailleur. Gertrude me convient assez; elle est douce, complaisante et laborieuse; elle est assez jolie, et quand elle sera mariée, je réponds de sa fidélité; mais elle n'a pas de dot. Fille sans dot restera toujours fille.

— Eh bien, vous vous trompez, maître Bauer, Gertrude a une dot de cinq cents florins. C'est l'héritage d'une tante qui vient de mourir à Berlin.

— Ah! dit Bauer d'un ton soupçonneux.

— Décidément, dit Karl, voulez-vous ou non l'épouser avec une dot de cinq cents florins?

— J'en veux mille, dit le tailleur, ou je l'enverrai chercher fortune ailleurs.

A ces mots, le rideau s'ouvrit, et Gertrude sortit de l'alcôve.

— Vous me prendriez pour rien, mon cher Bauer, lui dit-elle, que je refuserais. J'aime mieux être toute ma vie une fille seule et méprisée que la femme d'un malhonnête homme. Vous pouvez partir, mon cher.

Bauer éclata d'un rire forcé.

— Ah ! je savais bien, dit-il, ce que recouvrait cette générosité ; mais ce n'est pas à moi qu'on en donne à garder. Il faut d'autres piéges pour prendre un vieux renard comme moi.

— Mon ami, dit Brandt, je vous admire. Vous êtes le plus fieffé coquin que j'aie trouvé jusqu'ici sur mon chemin. Sortez d'ici sur-le-champ, si vous ne voulez que je vous jette par la fenêtre.

Bauer sortit. La pauvre Gertrude fondit en larmes. Karl ne savait comment la consoler.

— Ma chère enfant, dit-il enfin, je pars pour un voyage qui sera peut-être très-long. Voici vos cinq cents florins.

— Je vous remercie, monsieur Karl, dit-elle en pleurant ; je ne veux que votre amitié. Je me souviendrai toute ma vie de ce que vous avez voulu faire pour une pauvre créature que tout le monde va mépriser et repousser.

— Gertrude, dit Karl, cet argent n'est pas pour vous, mais pour votre enfant.

Il mit les cinq cents florins dans la poche de son tablier et sortit avec Brandt.

— Il est déjà tard, dit Brandt, nous n'avons que le temps de chercher un témoin.

— Qui prendrons-nous ?

— Je ne sais. La plupart de nos amis sont en vacances, et je voudrais quelqu'un qui fût en état de porter les armes.

— Pourquoi faire ? dit Karl, est-ce que tu veux que les témoins soient de la partie ?

— Justement, mon cher. J'ai les cuirassiers en horreur, et l'insolence de ceux-ci me fournit l'occasion que je cherchais depuis longtemps.

— Marcus Junius Brutus, dit Karl, tu as quelque projet en tête !

Tout en parlant, les deux amis entrèrent dans un café, où se réunissaient ordinairement les étudiants. C'était l'heure du déjeuner, ils ne virent qu'un étranger dont la figure pleine de bonhomie et les moustaches grises n'annonçaient pas des dispositions belliqueuses. Cependant la nécessité les força de s'adresser à lui.

— Monsieur, dit poliment Marcus Junius Brandt, voulez-vous avoir la bonté d'être le second témoin de mon ami qui va se battre en duel ?

— Monsieur, dit l'étranger qui parlait assez bien la langue allemande, mais avec un accent polonais, je suis fort honoré de votre proposition, et je l'accepte de grand cœur. Quel est votre adversaire?

— C'est le comte de Reuss-Schleiss-Lippe-Hohenzollern de Schauenstein, colonel des cuirassiers au service de sa majesté prussienne.

— Monsieur, c'est avec une joie véritable que je vais vous accompagner.

— Peut-être les témoins seront-ils de la partie, dit Brandt; dans ce cas, pouvons-nous compter sur vous?

— Monsieur, dit le Polonais, c'est bien ainsi que je l'entends. Avons-nous le temps de déjeûner? reprit-il après quelques minutes de réflexion.

— Il est onze heures et demie, dit Brandt. Dans une demi-heure nous devons être au rendez-vous, qui est fixé à midi.

— Il est malsain, dit le Polonais, de se battre à jeun. Un soldat qui a bien mangé en vaut dix. Croyez-en l'expérience d'un vétéran.

— Vous avez servi, monsieur? dit Karl.

— Oui, monsieur, j'ai fait mes premières armes en 1808, à Sommo-Sierra, dans les lanciers polonais, sous Napoléon. J'avais alors seize ans. Depuis, j'ai vu Wagram, Smolensk, la Moskowa, Leipzig et la campagne de France. J'ai reçu six blessures au service de la France, et quinze au service de la Pologne, ma patrie.

— Peste! dit Karl, tu as eu la main heureuse.

— Vous avez combattu pour la liberté de la Pologne? dit Brandt.

— Oui, monsieur, répondit le Polonais avec un soupir, et plût à Dieu que je pusse demain me faire tuer pour elle!

— Comment avez-vous échappé à la Sibérie?

— D'une manière bien simple. A la dernière bataille contre les Russes, en 1832, je chargeais un carré russe à la tête de mon escadron. Nous entrâmes dans cette infanterie comme des moissonneurs dans un champ de blé, sabrant tout ce qui se trouvait sur notre passage; mais, au moment où cette infanterie à moitié détruite posait les armes, la cavalerie russe s'élança sur nous au galop; le combat recommença avec une horrible fureur. Je reçus huit coups de sabre, dont un m'abattit de mon cheval. Je fus laissé sans connaissance parmi les morts. Pendant la nuit, le froid me réveilla, je me traînai péniblement vers la frontière de Prusse où des paysans me recueillirent. Six mois après, j'étais guéri; j'ai mené depuis ce temps une vie errante en France et en Allemagne, n'attendant qu'un signal pour recommencer une lutte qui nous a déjà coûté tant de sang.

— Espérez-vous, dit Karl, retourner jamais en Pologne ?

— L'espérance, monsieur, ne quitte l'homme qu'avec la vie. Dussé-je attendre vingt ans encore, j'attendrai, et dans vingt ans (j'ai maintenant cinquante-six ans) je serai prêt à combattre comme en 1832. Il n'y a que deux choses dans le monde, et ces deux choses sont inséparables : c'est la patrie et la liberté.

— Mon cher, dit Brandt à son ami, nous parlons beaucoup des héros de Plutarque. Ce sont des faiseurs de phrases, comparés à cet homme.

Les deux étudiants et le Polonais arrivèrent au rendez-vous quelques minutes avant l'heure fixée. Presque au même moment les trois officiers de cuirassiers arrivèrent à leur tour. On se salua des deux parts avec une politesse froide. Les deux témoins du colonel allèrent chercher dans une voiture et déposèrent sur l'herbe des épées, des pistolets, des fusils de chasse, trois paires de sabres, tout un arsenal. A quelques pas, un domestique tenait en main le cheval du comte de Hohenzollern-Schauenstein.

— Monsieur, dit le major prussien, s'adressant à Brandt, votre ami a le choix des armes. Quelle est celle qu'il préfère ?

— Monsieur, dit Karl qui s'avança de son côté, la question est mal posée. Nous sommes convenus que chacun se battrait avec ses propres armes quelles qu'elles fussent. Mon adversaire peut choisir celles qu'il lui plaira, et même en prendre plusieurs, si cela lui fait plaisir. Je ne m'y oppose pas. Quant à moi, je n'en ai qu'une, et la voici.

A ces mots, il tira de la poche de son paletot une longue corde, assez mince, mais très-solide. Il y fit un nœud coulant, et, reculant de quelques pas :

— Maintenant, ajouta-t-il, que monsieur le comte choisisse ses armes, je suis prêt.

— Monsieur, dit le major, si vous voulez plaisanter, permettez-moi de vous avertir que la plaisanterie n'est pas de saison. Monsieur le comte de Schauenstein est habitué à se battre d'une manière plus sérieuse, et mon devoir de témoin m'oblige de lui conseiller de refuser le combat.

— Mon cher major, dit Karl, monsieur le comte se battra ainsi, ou je le proclame un lâche à la face de toute l'Allemagne.

— Mais c'est une arme de bourreau, et non d'homme d'honneur, s'écria le major furieux.

— Monsieur, dit Brandt à son tour, mon ami ne m'a pas consulté, mais je trouve son idée excellente, et je trouve fort mauvais que vous ne l'approuviez pas.

— Cherchez-vous une querelle ? reprit le major avec hauteur.

— Je ne la cherche point, mon cher major, elle est toute trouvée, et je suis prêt à soutenir mes paroles le sabre en main.

— Messieurs, dit à son tour l'autre témoin du colonel, je partage l'avis du major, et je crois que monsieur le comte fera bien de se retirer, si vous ne prenez pas des armes dignes de gens d'honneur.

— Monsieur, dit poliment le Polonais, je n'ai pas besoin, je crois, de vous faire sentir l'inconvenance de vos paroles.

— Convenables ou non, dit le capitaine, je les soutiendrai avec ceci.

Et il mit la main sur son sabre.

— Puisque la partie est engagée, dit Karl en élevant la voix, permettez-moi, messieurs, de vous expliquer les motifs de ma conduite. J'ai les querellés en horreur, et suis pacifique par nature et par profession comme l'atteste assez mon titre de docteur en théologie. J'ai fait serment de ne verser que le sang des ennemis de la patrie et de la liberté ; je ne puis donc pas pour une querelle privée tirer le sabre sans remords, comme fait si vaillamment monsieur le colonel. D'un autre côté, les règles de la noble université de Heidelberg, à laquelle je suis fier d'appartenir, ne me permettent pas de laisser un affront impuni. Hier, j'ai été insulté et provoqué gratuitement. Peut-être n'aurais-je pas fait attention à cette injure si monsieur le colonel ne s'était pas vanté de faire son métier de sabrer les étudiants. Je crois devoir à l'espèce humaine de la délivrer de ce fou furieux.

— Monsieur ! dit le colonel pâle de colère.

— Encore un moment, monsieur, dit Karl. Les rois sont forcés quelquefois d'entendre la vérité ; pourquoi ne la dirait-on pas à un simple colonel ? Mes serments me défendent de verser le sang, mais mon honneur et l'intérêt public m'ordonnent de faire justice. Je la ferai. J'ai pris un moyen terme. J'ai lu dans les récits des voyageurs qu'à Buenos-Ayres on étrangle les bêtes féroces au moyen du lasso. Je me suis exercé longtemps par amusement, et je vais voir aujourd'hui si cette arme est aussi utile qu'on le dit. Allons, colonel, je vous attends.

Le comte hésita quelques instants.

— Je sais bien, dit Karl, qu'il est désagréable d'être pendu, mais croyez-moi, cher comte, un peu plus tôt, un peu plus tard, vous deviez finir par là.

— Ah! c'en est trop, dit le comte. J'accepte le combat que tu proposes, coquin d'étudiant, et tu me payeras cher tes paroles. C'est un combat à mort.

— Ai-je demandé quartier? dit Karl.

— Messieurs, dit Brandt aux deux témoins du colonel, mon ami (montrant le Polonais), et moi, nous sommes à vos ordres.

Tous les quatre choisirent des sabres de cavalerie de longueur et de trempe égales, et se mirent en garde. Au même instant le comte monta à cheval, arma ses deux pistolets et s'avança au galop sur Karl.

Celui-ci le vit venir avec un sang-froid admirable, quoique ce fût sa première affaire; comme il était naturellement ferme dans le danger, il calcula avec soin toutes ses chances, et ne voulut rien livrer au hasard. C'était un magnifique spectacle que celui de ce cheval de bataille galopant avec une rapidité sans égale et monté par un des plus habiles cavaliers de toute l'Allemagne. Arrivé à dix pas de Karl, le comte tira un coup de pistolet, mais un écart du cheval, qui broncha contre une petite pierre, fit dévier le coup. La balle perça les feuilles d'un arbre voisin.

— A moi, dit Karl; et il jeta son lasso avec tant

de précision et d'adresse que le comte se trouva pris par le cou et à moitié étranglé avant d'avoir pu tirer son second coup de pistolet. Cependant le cheval galopait toujours sur Karl, qui évita le choc en faisant un saut de côté et en tirant la corde à lui. Sous cette vigoureuse pression le comte lâcha les rênes et tomba sur l'herbe à demi mort. Karl tenait toujours la corde.

— Étranglerai-je? dit-il à Brandt.

— Étrangle, répondit celui-ci.

— Je n'en ai pas le courage, dit Karl, et il détacha la corde. Le comte était sans connaissance. On le porta sur le bord du Necker qui coulait à quelques pas de là. L'eau qu'on lui jeta au visage lui fit reprendre ses sens. Son visage était pourpre, et les yeux à moitié sortis de leur orbite. Le Polonais, qui avait acquis sur les champs de bataille quelques connaissances chirurgicales, déboutonna son habit, le fit respirer, et, l'ayant examiné, assura qu'il en reviendrait.

— Mauvaise affaire, dit Brandt. Pourquoi ne l'as-tu pas étranglé tout à fait? Pendant deux secondes tu as été vraiment sublime. Je croyais voir Achille traînant Hector autour des murailles de Troie.

— Mon ami, dit Karl, j'ai le cœur faible, et je

n'ai pas pu soutenir l'idée de tuer un homme sans défense, quoique, à mon avis, il mérite cent fois la mort.

— Messieurs, dit Brandt au major et au capitaine, l'affaire est terminée pour monsieur le comte de Reuss-Schleiss-Lippe-Hohenzollern de Schauenstein; mais vous avez, avant le combat, prononcé quelques paroles inconvenantes dont vous ne refuserez pas, j'espère, de nous rendre raison.

— Volontiers, dit le major; et pendant que Karl restait auprès du blessé, les quatre témoins mirent le sabre à la main. Le combat fut court; à la première passe, le Polonais d'un coup de sabre coupa le bras droit de son adversaire.

— Quel gaillard! dit Karl en regardant le Polonais avec admiration.

Brandt eut un peu plus de peine, mais enfin d'un coup heureux il fendit le front du major, et le combat finit là.

— Voilà des braves qui de longtemps n'auront envie de chercher querelle aux gens paisibles, dit Brandt en ramassant le bras et le sabre du capitaine qui étaient restés par terre après le coup furieux porté par le Polonais.

On appela les domestiques du colonel, et les trois blessés furent portés dans la voiture qui les avait amenés. Les vainqueurs saluèrent et allaient se retirer lorsque le colonel rappela Karl.

— Monsieur, dit-il, vous avez eu ma vie à votre disposition, je ne vous le pardonnerai jamais. C'est entre nous une haine corse, et soyez sûr que tôt ou tard je vous tuerai si vous ne me tuez pas.

— Eh bien, mon cher comte, dit Karl en souriant et en montrant sa corde, s'il faut vous pendre, je vous pendrai.

La voiture partit et laissa les trois nouveaux amis seuls sur la pelouse où l'on avait combattu.

— Maintenant, dit Karl, déjeunons.

Ils marchèrent quelque temps dans la campagne et s'arrêtèrent enfin dans un petit cabaret de peu d'apparence, mais qui était entouré de verdure et d'arbres. C'était au fond d'un vallon très-pittoresque et très-peu fréquenté. On se mit à table, et une omelette, un jambon et quelques bouteilles d'un vin clairet, acide, mais agréable au goût, donnèrent à la conversation une gaieté extraordinaire.

— Monsieur, dit Karl au Polonais, avez-vous étudié la chirurgie?

— Jamais, dit le Polonais, étonné de la question.

— C'est que je n'ai rien vu, dit Karl, couper avec plus de précision, de force et d'adresse, que le bras de ce malheureux cuirassier.

— Ah! monsieur, dit modestement le Polonais, voilà l'avantage de rencontrer un maître habile et consciencieux.

— Quel a été votré maître?

— C'est un vieux maréchal des logis de la garde impériale de Napoléon. Il avait été détaché comme instructeur dans le premier régiment de cavalerie polonaise que Napoléon prit à son service après Iéna. Mon père, le prince Radzynsky, plus prudent qu'on ne l'est d'ordinaire dans ma chère patrie, ne voulut pas combattre lui-même. Il garda près de lui mon frère aîné qui devait hériter de toute sa fortune, et me fit enrôler dans les lanciers de Napoléon, en plaçant sous mon nom en France une somme de trois cent mille francs sur le grand-livre. Comme je partais, ma mère fit appeler ce vieux maréchal des logis qui s'appelait Michaud.

« Mon bon Michaud, dit-elle en pleurant, je vous confie cet enfant. Ayez-en soin; je vous promets que je ne serai point ingrate. »

En même temps, elle voulut lui donner une bourse remplie d'or, mais le vieux soldat la repoussa doucement.

« Madame, lui dit-il, nous savons ce que c'est que les enfants au régiment, et je vous promets d'avoir soin du vôtre comme de mon propre fils. »

Et comme elle lui tendait toujours la bourse :

« Non, madame je vous remercie, un vieux soldat n'a pas besoin d'argent pour faire son devoir. Je veux être l'ami de votre fils, mais non pas son domestique.

— Vous avez raison, dit ma mère, mais vous ne refuserez pas ce gage d'amitié. »

Et tirant de son doigt une bague magnifique en diamants, elle la lui donna. Le vieux soldat lui baisa la main, et m'emmena. Le lendemain, nous étions en route pour l'Allemagne.

« Mon petit, me dit-il en route, le meilleur moyen d'éviter les coups de sabre, c'est de savoir les donner. Tiens, regarde ceci. » Et il me fit la démonstration. « Ne fais pas comme ces maladroits qui frappent à tort et à travers, et qui coupent les oreilles de leur cheval, au lieu de couper celles de l'ennemi. » Au bout de quelques mois ses leçons me profitèrent si bien que, dès mon début, à Sommo-Sierra, j'étonnai tous mes camarades, et Napoléon lui-même me donna la croix que vous voyez. Une croix de Napoléon, en ce temps-là, mes amis, c'était quelque chose. Le vieux Michaud ne se possédait plus de joie. « C'est pourtant moi qui ai formé ce gamin-là, disait-il. Il a du nerf, du poignet, de l'ardeur; s'il avait du sang-froid, il serait plus fort que moi; mais le sang-froid ne vient qu'avec l'âge. » Je vais vous faire rire, mes amis, si je vous dis que le monde pour moi se composait de trois personnes : ma mère, le vieux Michaud et Napoléon. Tous trois me protégeaient chacun à leur manière, et, depuis que je les ai perdus, ma vie n'a été qu'une suite de malheurs.

— Et quand avez-vous perdu Michaud? demanda Karl qui se sentait ému des regrets naïfs du Polonais.

— En 1813, à Leipzig. J'étais alors colonel du régiment dans lequel il m'avait vu entrer comme volontaire en 1808. Un soir, la veille de la bataille, il était assis à côté de moi devant le feu du bivouac, parmi les officiers, car il avait ses priviléges, et si le pauvre homme avait su lire, il aurait été général dès le temps de la République. Il se chauffait d'un air triste. « Tu es bien frileux ce soir, mon vieux, lui dis-je. D'où vient cela? — Mon petit, répondit-il, je ne me sens pas bien, j'ai quelque pressentiment que je ne passerai pas la journée de demain. — Allons donc, Michaud, est-ce qu'un vieux grognard comme toi doit écouter ces pressentiments? La mort a peur de toi plus que tu n'as peur d'elle. — Peur! dit-il, mon enfant, est-ce qu'un ancien soldat de la République a peur? J'ai trente-sept balles ou coups de sabre dans le corps. Un de plus ou de moins, ce n'est par une affaire, mais je sens que je suis *fini*. Toute la soirée j'ai eu froid dans le dos, c'est mauvais signe. J'avais froid comme cela la veille de l'assaut de Saint-Jean-d'Acre. — Eh bien, est-ce qu'il t'arriva quelque chose le jour de ce fameux assaut? — Oh! presque rien; seulement j'ai passé trois mois à l'hôpital, et un chirurgien qui voulait s'exercer, le farceur, *in animâ vili*, comme il disait en son patois, me proposa de me couper les deux bras. « Les deux bras! » dis-je. « Oui! les deux bras. » Je te demande, mon enfant, à quoi sert un cavalier sans bras; avec quoi fait-il manœuvrer son cheval et donne-t-il des coups de sabre? Aussi, tout malade que j'étais, je déclarai que je lui brûlerais la cervelle s'il s'approchait de moi, et Desgenettes lui frotta les oreilles (façon de parler) devant moi. « Et quel prétexte avait-il pour te couper les deux bras? — Ah! voilà. Imagine-toi que la veille nous étions montés à l'assaut par une brèche où deux hommes à peine pouvaient passer de front; ce n'est pas la faute de Bonaparte; il n'avait pas d'artillerie. Les Turcs et les Anglais en avaient, les gredins, à n'en savoir que faire; nous fûmes criblés de mitraille et forcés de reculer. En quelques minutes tous mes camarades étaient morts ou dans le fossé. Je restai seul sur le parapet de la muraille, à quelque distance de la brèche que remplissait un régiment entier de Turcs. Passer là n'était pas possible. Je regardai le fossé ; il était à cinquante pieds au-dessous de moi ; encore pour le rendre plus moelleux quelques pierres de la muraille ébranlée avaient-elles roulé au fond.

« Si je reste ici, pensais-je, me voilà pris ou tué ; si je saute, je vais me casser la tête et le cou. Comme je réfléchissais, une centaine de Turcs se jettent sur moi. Heureusement j'avais eu le temps d'en saisir deux par la ceinture. J'en prends un de chaque main et je m'élance dans le fossé. Leurs camarades n'osant pas tirer sur eux, je me trouvai à terre en assez bon état, sauf que la violence de la chute fit entrer mes deux poignets dans la poitrine de ces deux malheureux, et moi, j'eus les deux bras cassés. Je me relevai pourtant, et je courus au camp où le chirurgien me fit l'accueil que je t'ai dit. A cette occasion, Bonaparte me donna un sabre d'honneur, celui que tu vois à mon côté, et si j'avais su lire !... mais j'avais déjà trente ans. C'est trop tard pour commencer. Sans cela je serais maréchal comme Soult et tant d'autres qui n'en savent guère au delà de l'A B C. » Eh bien ! lui dis-je, ton aventure n'a rien de bien triste. — Rien de triste, mon enfant, trois mois à l'hôpital! tu en parles bien à l'aise. — Allons, allons, lui dis-je, prends ma gourde et bois, cela chassera tes idées noires. » Il but un verre d'eau-de-vie et s'endormit. Le lendemain nous chargions ensemble l'artillerie des Russes. Déjà nous étions sur leurs canons; une effroyable volée de mitraille nous reçut à bout portant. Michaud tomba frappé d'un biscaïen dans la poitrine, sans que je m'en fusse aperçu. Quelques minutes après, les canonniers russes ayant été sabrés sur leurs pièces, je cherchai Michaud avec inquiétude. « Trente-huit! me dit-il en me voyant. Tiens, mon enfant, reprends la bague de ta mère, et dis-lui que j'ai veillé sur toi le plus que j'ai pu. Maintenant, c'est fini. Il est naturel que les jeunes enterrent les vieux. » Je l'embrassai en pleurant. « Bon! dit-il, j'ai vécu comme un homme d'honneur, et je meurs en serrant la main d'un ami. Je ne suis pas malheureux. » A ces mots, il expira. C'était le commencement de mes malheurs. Quelques mois après, Napoléon abdiqua; je rentrai en Pologne, mal vu des Russes et négligé de ma famille qui craignait de se compromettre. Ma mère seule s'enfermait avec moi des journées entières pour parler de mes campagnes et de Napoléon. Quand elle vit la croix qu'il m'avait donnée à

Sommo-Sierra, elle m'embrassa avec une tendresse passionnée. « Tu ne reverras plus, me dit-elle, celui qui était le dernier espoir de la pauvre Pologne, mais il faut que la Pologne n ait plus confiance qu'en elle-même et dans ses enfants. Jure que tu vivras et que tu mourras pour elle; jure que jamais tu ne serviras le czar et que tu iras sur la terre, errant comme un exilé, jusqu'à ce que tu puisses combattre pour ta patrie. » Je fis le serment qu'elle demandait. Un an après, elle mourut entre mes bras. Je sentis mon cœur se déchirer en me voyant seul sur la terre comme elle me l'avait prédit. Mon père était mort au temps de la retraite de Moscou. Je dis un froid adieu à mon frère, qui craignait la police russe et qui me vit partir avec plaisir, et j'allai à Paris. Depuis ce temps, j'ai passé ma vie à me battre et à conspirer, ici pour la Grèce, là pour l'Italie, plus loin, pour ma pauvre Pologne, traqué par toutes les polices du continent. Je suis allé en Angleterre, et j'ai vu de très-honnêtes gens, riches, gras et bien nourris de bière et de rosbif, qui portaient des toasts à la liberté de la Pologne, et qui se faisaient une réputation en menaçant des canons anglais Cronstadt et Pétersbourg. Ennuyé de ces banquets et de ces meetings, je suis retourné à Paris et j'attends.

— Qu'attendez-vous? dit Karl.

— J'attends, dit Radzynsky, que l'Allemagne, devenue libre, répare le crime de ses rois et rende la liberté à la Pologne.

— Sur mon honneur, s'écria Marcus Junius Brandt, j'admire et j'envie cette confiance énergique dans l'avenir.

— Nous sommes mortels, dit le Polonais, mais la liberté est immortelle. Elle est née avec Adam et ne mourra qu'avec le dernier de ses descendants. S'il n'y avait qu'un seul homme libre sur la terre, fût-il le plus faible et le plus obscur de tous, le genre humain le regarderait comme un Dieu qui porte en lui le salut des hommes. Nous pouvons redire le mot héroïque des premiers chrétiens : Le sang des martyrs est la semence de la liberté.

— Comment se fait-il, dit Karl, que vous ayez, sans hésitation, consenti à nous suivre et même à tirer le sabre avec nous?

— Oh! répliqua Radzynsky en souriant, il y a plusieurs raisons. La première, c'est qu'il n'y a plus que les Polonais en Europe qui se battent encore pour le plaisir de se battre. Nous sommes les derniers représentants d'une race qui va s'éteindre.

— Cela est bien extraordinaire, dit Karl.

— Moins que vous ne croyez. C'est une habitude des anciens Sarmates, commune autrefois à tous les peuples du nord de l'Europe, que nous seuls avons conservée.

— Bon ! dit Karl ; mais n'aviez-vous pas d'autre raison ?

— Celle-ci ne vous suffit pas ? Eh bien ! sachez que je suis un peu physionomiste : j'ai vu tant de gens de toute espèce que cela ne doit pas vous étonner. J'ai lu dans vos yeux certains signes qui ne me trompent jamais, et qui m'ont fait désirer de devenir votre ami.

— Et quels sont ces signes ? demanda Karl intérieurement flatté et curieux.

— D'abord, vous regardez droit devant vous, sans vous détourner ni à droite ni à gauche. C'est la marque d'une âme droite et intrépide. Par moments, vos yeux sont voilés comme si vous songiez à des choses plus élevées que celles de la terre ; c'est à cela qu'on reconnaît les enthousiastes. Votre front droit et élevé, un peu bosselé vers la racine des cheveux, annonce le bon sens et l'esprit de comparaison ; enfin, votre sourire doux et un peu triste marque la bonté et la compassion pour les maux d'autrui. Vous faut-il quelque autre raison ?

— Par le glaive sacré du grand Arminius, dit

Karl, je serais bien difficile si je n'étais pas satisfait. Et puisque vous êtes si bon physionomiste, que dites-vous de mon ami Marcus Junius Brutus Brandt?

— Oh! vous pouvez parler tout haut, dit Brandt, je ne crains pas plus que Karl les révélations de votre science.

Le Polonais le regarda fixement pendant quelques minutes, prit sa main, examina les lignes de l'intérieur, la forme des ongles et des doigts, fronça le sourcil et garda le silence. Karl riait en voyant la mine sérieuse et presque chagrine de son ami.

— Mon cher, lui dit-il, il paraît que la science ne t'est pas aussi favorable qu'à moi. Aurais-tu quelque passion secrète et violente?

— Ne riez pas, dit Radzinsky d'une voix grave et presque solennelle. Jeune homme, ajouta-t-il en se tournant vers Brandt, vous avez le talent et les passions de Caïus Gracchus. Prenez garde de mourir comme lui.

— Que je meure! s'écria Brandt avec enthousiasme, et que ma mémoire soit immortelle comme la sienne! Que toutes les mères en Allemagne me proposent pour exemple à leurs fils! n'eussé-je vécu qu'un jour, j'aurai assez vécu.

Après ces paroles, il y eut un moment de silence. Les trois amis étaient ensevelis dans les réflexions que suggère une digestion tranquille. Radzynsky offrit un cigare à ses compagnons.

— Savez-vous, dit-il, que ce fameux colonel que vous avez si singulièrement traité aujourd'hui est l'homme à la mode à Berlin ?

— Je n'en savais rien, dit Karl ; mais, quand je l'aurais su, la crainte d'attrister les belles Berlinoises ne m'aurait pas empêché de l'étrangler.

— On dit, continua Radzynsky, qu'il n'est pas de cœur qui lui résiste, et que son courage, sa réputation de duelliste, sa naissance, sa fortune et sa prestance admirable (car c'est un bel homme, il faut en convenir) n'ont laissé aucune femme insensible.

— Il est bien gros, dit Karl, pour un homme si séduisant.

— Mon ami, dit le Polonais, vous n'y connaissez rien. Plus il est gros, plus il est beau.

— Il est vrai, dit Karl, que c'est un homme de poids; mais s'il a tant de succès à Berlin, que vient-il faire à Heidelberg ?

— Pourquoi don Juan n'a-t-il pas toujours aimé dona Elvire? Pourquoi courut-il après les paysannes? Monsieur le comte de Hohenzollern-

Schauenstein suit l'exemple de don Juan. Après les beautés de la cour, il recherche celles de la ville : *Rien n'est trop chaud ni trop froid pour lui.*

— Il ne fera pas de grands ravages à Heidelberg, dit Karl ; la ville est bien petite.

— C'est vrai, et messieurs les étudiants ne laissent pas grand'chose à faire aux colonels de cuirassiers ; mais dans les environs ? Tout à l'heure, pendant qu'on discutait sur le choix des armes, j'entendais son valet de chambre, Fritz, parler des exploits de son maître. « Depuis deux jours, disait Fritz, il est amoureux comme un fou. Je ne le reconnais plus. — Et de qui est-il amoureux ? a demandé le cocher. — D'une jeune fille qu'il n'a vue qu'une fois, au temple, dont il ne sait pas même le nom de famille, car, pour nom de baptême, il a entendu sa servante l'appeler simplement Wilhelmine. Depuis deux jours, il ne fait que rôder autour de la maison de sa belle. Il a voulu entrer en donnant de l'argent à la vieille, mais cette bonne femme l'a fait sortir en menaçant de crier : Au voleur. — Et il est sorti ? a demandé le cocher. — Oui, a repris Fritz, mais pour revenir hier soir et rôder sous les fenêtres comme un amant espagnol. — Après tout, qu'est-ce que cela te fait ? a demandé le cocher. — Eh ! mon cher, ce ne serait rien s'il courait seul, mais il faut tenir son cheval et le mien, il faut galoper comme lui. Juge s'il est agréable de revenir de Dietz à minuit. »

Pendant le récit du Polonais, Brandt pâlissait à vue d'œil. Au dernier mot, il se leva en silence et se promena pendant quelques minutes avec agitation.

— Qu'as-tu? dit Karl inquiet.

— Rien, répondit Brandt. C'est un éblouissement qui se passera.

— Eh bien, dit Karl, qui devina que l'émotion de son ami devait avoir quelque cause extraordinaire, levons-nous et retournons à Heidelberg.

Les trois amis marchèrent côte à côte sans rompre le silence. Arrivés dans la ville :

— Monsieur, dit Karl au Polonais, si vous demeurez encore quelque temps à Heidelberg, mon ami Brandt et moi nous vous prions de vouloir bien en user avec nous comme avec de vieux amis.

— Je vous remercie, messieurs, dit le Polonais, et j'espère vous revoir avant peu.

— Mon cher Karl, dit Brandt quand Radzynsky fut parti, je me sens malade, je vais me coucher.

— Bonsoir, dit Karl.

Et il rentra chez lui.

III

Comment Karl Brünner découvrit un nouveau monde.

Le lendemain était un dimanche. La petite ville de Heidelberg était en fête. Il faisait grand soleil, tout le monde avait dîné, et les bons bourgeois sortaient de leurs maisons, comme des limaçons de leurs coquilles, pour aller à la promenade. Les jeunes filles jouaient au volant dans la rue en poussant des cris de joie aigus comme ceux des merles qui sifflent sur les buissons. Notre ami Karl était assis sur sa fenêtre, les jambes croisées sous lui, dans l'attitude sublime du dieu Bouddha qui soutint le monde sur ses épaules pendant neuf cent millions d'années sans même se moucher, de peur de déranger l'équilibre de l'univers; il regardait tranquillement ce spectacle. Sur ses genoux était posé négligemment le livre de la *Critique de la raison pure*, de Kant; le vent tournait les feuillets sans que Karl parût y faire attention. Après quelques instants de contemplation muette, il prit le livre ouvert et le lança contre la muraille.

— Au diable Kant et sa *Critique*, s'écria-t-il, et l'*Esthétique*, de Hegel, et la *Théodicée* de Leibnitz! Il n'y a de bon que le soleil et le grand air. Allons nous promener.

Il alla d'abord chercher Brandt; mais la portière lui dit que Marcus Junius Brutus était parti la veille et ne devait revenir que le lendemain.

— Oh! oh! dit Karl, voilà un voyage bien suspect. A quelle heure est-il parti?

— A trois heures de l'après-midi.

— Diable! pensa Karl, aussitôt après m'avoir quitté, il est parti sans me prévenir. Que veut dire ceci? Donnez-moi la clef de sa chambre, dit-il à la portière.

Il monta. Les livres et les papiers étaient dans leur désordre habituel. Sur la table on voyait pêle-mêle une ode à la liberté encore inachevée, les *Philippiques* de Cicéron, un numéro du *vieux Cordelier* de Camille Desmoulins, la *Vie des grands hommes* de Plutarque, et les œuvres de Fichte. A la muraille était accrochée une épée de combat.

— Tout est à sa place ordinaire, dit Karl. Que signifie ce départ si prompt et si mystérieux? Ah! s'écria-t-il tout à coup, les pistolets manquent. C'est étrange!

Il redescendit, rendit la clef à la portière et sortit de la ville. A quelque distance de Heidelberg, un petit ruisseau coule parmi des prairies verdoyantes et va se jeter dans le Necker. Karl remonta machinalement le long du ruisseau. Le chemin était bordé à droite et à gauche de belles haies vives semblables à celles qui couvrent la basse Normandie. On sentait dans la campagne la douce odeur de l'herbe fraîchement coupée. Peu à peu, la marche, la chaleur et la vue de la vallée du Necker, qu'il apercevait à quelque distance, plongèrent Karl dans une douce rêverie. Il marchait toujours sans but et pour le plaisir de se promener, lorsque la vue du soleil couchant l'avertit qu'il était temps de revenir sur ses pas. Il ne connaissait pas le chemin, et, marchant au hasard, il arriva, sans la voir, jusque sous les fenêtres d'une maison que deux tilleuls plantés dans une petite cour séparaient de la grande route de Heidelberg à Carlsruhe. La maison était rouge et bâtie en briques avec des volets verts, à la mode de l'Italie. A droite était une grande et belle grange avec des étables. Derrière la maison, on voyait un jardin assez vaste et planté de toutes sortes d'arbres à fruits. A quelques pas de là était un village.

La nuit était venue. La lune se levait éclatante dans un ciel sans nuages; Karl, assis sur un petit mur, regardait la maison rouge avec une émotion inexplicable.

— Les habitants de cette maison doivent être bien heureux! pensait-il. Tout annonce l'ordre, l'aisance, l'œil vigilant du maître. La cour est propre, les étables sont belles, la grange est magnifique. Qu'on est heureux de vivre chez soi, à la campagne, seul avec la nature et avec Dieu!

Bientôt, il entendit un léger bruit dans une chambre située au-dessus du rez-de-chaussée. On apporta des bougies. Quelqu'un s'assit au piano et joua une valse de Strauss.

— Est-ce un homme ou une femme? dit Karl. Ce doit être une femme. On ne cherche pas à casser des cordes.

A la valse succéda une symphonie de Haydn.

— Voilà une musique bien douce et bien vieille, pensa-t-il. C'est quelque jeune fille qui joue pour son grand-père les airs auxquels il est habitué. Un jeune homme n'aurait pas tant de complaisance. Eh bien ! Haydn avait du bon.

Tout à coup la symphonie cessa. Le musicien cherchait sans doute quelque chose. Au bout d'un instant, Karl entendit une délicieuse voix de contralto qui chantait le fameux morceau de Tancredi : *O patria !*

Quand la chanteuse fut arrivée à ces mots :

Di tanti palpiti,

sa voix devint si belle, si passionnée et si émouvante, que le bon Karl, ne pouvant retenir ses larmes, se jeta à genoux dans l'ombre, et, élevant ses mains vers la fenêtre de la chambre, il s'écria :

— Je ne veux pas chercher plus longtemps. Qui que tu sois, qui chantes ainsi, je t'adore ; ma vie est à toi.

Au même moment, un homme passa avec précaution le long du mur et poursuivit sa route. Karl, honteux d'être surpris dans ce transport, se leva, et s'assit de nouveau sur le mur.

Une voix d'homme, pleine, grave et sonore, chanta un morceau de *Robert le Diable ;* mais Karl n'écoutait plus qu'avec impatience, malgré le talent du chanteur ; enfin la musique cessa tout à fait, et une belle jeune fille vint à la fenêtre et regarda quelque temps le ciel. Jamais la poétique Allemagne, ce beau pays des blondes, n'a produit une tête plus belle, plus douce, plus intelligente et plus gracieuse que celle qui se montra en ce moment aux yeux éblouis de Karl. Les pâles rayons de la lune donnaient à ce visage déjà si noble et si beau une teinte de mélancolie ravissante. Ses cheveux, bouclés avec grâce, couvraient mal le plus beau cou du monde, un cou aussi rond, aussi blanc et aussi ferme que le marbre de Paros taillé par Praxitèle. Karl, ravi, en extase, ne pouvait détacher ses regards de cette admirable créature.

La jeune fille, car c'était évidemment une jeune fille (Karl du moins le crut) était plongée, depuis quelques minutes, dans une contemplation muette, lorsqu'un jeune homme s'avança derrière elle, passa familièrement son bras autour de sa taille, et l'embrassa tendrement en disant.

— Voulez-vous chanter encore, Wilhelmine?

Que devint le malheureux Karl quand il reconnut le visage et la voix de son ami Marcus Junius Brutus Brandt? La foudre tombant sur lui ne l'aurait pas frappé d'un coup plus terrible.

— Voilà donc, pensa-t-il, le motif de ce voyage si prompt et si mystérieux! Voilà pourquoi il pâlissait hier en entendant le récit de Radzynsky. Cette jeune fille est sa fiancée. Ils s'aiment, et là, comme avec Gertrude, j'arrive encore trop tard. Malheureux que je suis!

Au même moment, il aperçut un homme qui se glissait sous les tilleuls de la cour, dont le mur à hauteur de ceinture marquait les limites plutôt qu'il n'en défendait les approches.

— C'est quelque agent du comte, se dit Karl; peut-être est-ce le comte lui-même.

Il s'approcha pour l'interroger. Mais l'homme, averti par le bruit des pas sur le sable, repassa par-dessus le mur, et s'enfuit dans la campagne. Karl ne le poursuivit pas. Il vit bien qu'il n'y avait rien à craindre pour son ami, et il avait reconnu au clair de lune le comte déguisé.

— Hélas! dit Karl, quel malheur me poursuit? Ne l'ai-je vue que pour la perdre? Qu'elle est belle!

Comme il continuait ses réflexions, Wilhelmine se tourna vers Brandt avec la lente et gracieuse majesté d'une déesse, et lui dit d'une voix qui parut à Karl une musique céleste :

— Mon cher ami, c'est assez de musique pour ce soir. Écoutons un peu cette grande harmonie des sphères qu'entendit Pythagore, et qui nous bercera quelque jour dans un monde meilleur. Haydn, Mozart et Beethoven, Gœthe et Schiller sont les enfants des dieux, mais la nature est Dieu même.

Karl était tout oreilles; mais un accident malheureux le tira de son extase. Une pierre du mur sur lequel il était assis s'écroula avec bruit et roula sur le chemin. Brandt et Wilhelmine quittèrent la fenêtre. Une minute après, Karl vit son ami sortir précipitamment de la maison et entendit le craquement d'un pistolet qu'on arme. Il ne songea plus qu'à fuir pour ne pas être surpris. Il s'élança sur la route, et, grâce à l'ombre des murs, il s'échappa. Une heure après, il était rentré dans sa chambre, à Heidelberg.

— Voilà, se dit-il, le bonheur que je cherchais; mais c'est à un autre qu'il est destiné; et ce rival est mon meilleur ami. Qu'ai-je à espérer encore? Brandt est aimé sans doute; et comment ne le serait-il pas? Il est jeune, il est beau, il est l'ami de la maison, il a le courage d'un lion, une âme ardente, élevée, intrépide; quelle femme pourrait résister à tant d'avantages réunis?

Tout à coup les idées de Karl prirent un autre cours.

— Cette familiarité affectueuse est d'un frère

aussi bien que d'un amant aimé. Pourquoi Brandt ne serait-il pas le frère de W.lhelmine ? O Marcus Junius Brutus ! si vraiment tu es son frère, je t'élèverai dans mon cœur un monument.

IV.

Effet de deux beaux yeux sur le cœur d'un savant.

Le lendemain, Karl reçut la visite de son ami. Quoiqu'il l'eût attendue et désirée, il ne laissa pas d'éprouver quelque émotion. Le visage de Brandt était grave et solennel.

— Sortons, dit-il, j'ai à te parler de choses importantes.

Karl le suivit, le cœur serré. Terrible effet d'une mauvaise conscience! Il crut que Brandt l'avait aperçu la veille, et qu'il venait lui demander les raisons de sa fuite mystérieuse. Il remarqua avec étonnement que Brandt le menait sur le chemin de Dietz. Après un assez long silence, Marcus Junius s'assit sur l'herbe dans la campagne, et dit brusquement à Karl :

— J'ai une sœur.

— Qui s'appelle Wilhelmine, interrompit Karl étourdiment.

— Comment le sais-tu? Je ne t'en ai jamais parlé.

— Je l'ai entendu dire.

— Elle est belle.

— Belle! dit Karl. Il n'y a qu'un frère qui puisse parler avec ce sang-froid de la plus belle jeune fille qu'il y ait dans toute l'Allemagne.

— Tu l'as donc vue?

— Je l'ai vue.

— Lui as-tu parlé?

— Non, dit Karl, et il raconta l'aventure de la veille, qui fit d'abord sourire l'austère Brandt; mais lorsque Karl lui apprit qu'il avait aperçu le comte déguisé et rôdant sous ses fenêtres, l'étudiant rugit de colère.

— Pourquoi ne l'as-tu pas étranglé, dit-il, pendant qu'il avait la corde au cou?

— Hélas! dit naïvement Karl, si je l'avais su!

— Hier, au soir, reprit Brandt, je soupçonnais sa présence dans le voisinage, et j'avais chargé mes pistolets pour le tuer comme un chien si j'avais pu le rencontrer. Son bonheur l'a fait échapper à mes recherches; mais qu'il y prenne garde.

— Non ami, dit Karl, Wilhelmine sait-elle que ce gros cuirassier est amoureux d'elle?

— Non, heureusement. Je n'ai pas voulu l'inquiéter, non plus que mon grand-père maternel qui demeure avec elle, en leur apprenant les tentatives de cet homme qui est capable de tout, et à qui malheureusement sa naissance et sa fortune assurent l'impunité; mais j'ai pris la résolution de ne plus les quitter; et c'est de cela même que j'ai voulu te parler aujourd'hui. Je veux te présenter à mon grand-père et à ma sœur.

— Oh! dit Karl, suffoqué de joie.

— Je l'aurais déjà fait, dit Brandt, si Wilhelmine l'avait permis, car c'est la vraie maîtresse de la maison, et mon grand-père et moi ne voulons que ce qui lui fait plaisir. Jusqu'ici, sans te connaître, elle te trouvait trop distrait, trop occupé de sciences inutiles et frivoles; elle craignait que tu n'eusses pas assez d'énergie pour un homme.

— Il paraît que tu n'avais pas flatté mon portrait, dit Karl en riant.

— Je t'ai peint, mon ami, tel que je te connaissais; mais avant-hier je lui racontai notre conversation de la veille et notre duel du matin sur les bords du Necker.

— Tu lui as parlé du duel?

— Certainement, après l'action. Je n'ai rien de caché pour Wilhelmine, ni elle pour moi.

— Et tu n'as pas craint de l'effrayer?

— Comment l'aurais-je effrayée? Elle me voyait vivant et bien portant. Elle n'a point de vapeurs, mon cher ami. Je suis sûr qu'elle mourrait de chagrin si j'avais été tué, et encore plus sûrement si j'avais reculé dans le danger. Elle et moi, nous n'avons qu'un même cœur.

— Trop heureux Marcus, s'il sentait tout son bonheur!

— Mon cher Karl, un amant n'a pas pour sa bien-aimée plus de soins, d'adoration et de tendresse que je n'en ai pour Wilhelmine. Sa beauté que tu as vue, et qui est réellement admirable, est le moindre de ses mérites. Sa bonté est souveraine, son âme élevée et presque sublime, son intelligence supérieure. Nous avons lu ensemble le petit nombre de livres qui sont restés depuis la création dans la mémoire des hommes. Je croyais les comprendre après les avoir lus, seul ou dans les écoles; je n'avais pas même soulevé le voile qui les couvre. Elle m'expliquait Homère, Platon,

Descartes, Molière, Shakspeare, Leibnitz, Schiller, comme si elle eût elle-même aidé ces divins génies à composer leurs ouvrages.

— Tu redoubles, dit Karl, la passion que j'avais de la connaître.

— Sois tranquille. Tu vas la voir dans quelques instants. C'est elle-même qui a voulu te voir, quand je lui ai parlé du serment que tu avais fait de vaincre ou de mourir pour la liberté de l'Allemagne.

Est-ce qu'elle est républicaine ?

— Aussi passionnée que moi-même. Mon grand-père qui nous a élevés était un disciple de Fichte. Tu le verras. C'est le vieillard le plus aimable et le plus gai que je connaisse. Il a gardé à quatre-vingts ans toute la gaieté de sa race. C'est le petit-fils d'un de ces protestants français que la révocation de l'édit de Nantes chassa de leur pays, et qui cherchèrent en Allemagne un asile et une patrie nouvelle. En 1792 (il avait vingt-quatre ans alors), il professait la philosophie à Mayence, lorsque Custine et les républicains français coururent sur la rive gauche du Rhin pour proclamer la république. Il prit les armes avec beaucoup d'autres patriotes, et s'enferma dans Mayence avec Kléber. Après la capitulation il s'échappa, et, ne voulant ni porter les armes contre l'Allemagne ni se laisser fusiller par le roi de Prusse, il se réfugia en Suisse, où il est demeuré vingt ans. Quand il revint de l'exil, Napoléon était à Sainte-Hélène, la sainte-alliance régnait en Allemagne, et le peuple allemand avait donné son sang, sa vie et ses trésors pour substituer à la tyrannie d'un homme de génie l'insupportable et taquine oppression d'une aristocratie peureuse et incapable. Il s'enrôla dans les sociétés secrètes qui enlacèrent en ce moment toute l'Europe. Emprisonné cinq fois, condamné à mort une fois, à Berlin, il a toujours échappé à la prison et à la mort à force de courage et de sang-froid. Depuis quinze ans, son âge l'ayant réduit à ne plus faire que des vœux pour la liberté, il s'est retiré à la campagne. De toute sa famille il n'est resté que ma sœur et moi, ses deux petits-enfants. Sa fille unique, notre mère, est morte il y a longtemps, et il a consacré sa vie à notre éducation.

Tout en causant, les deux amis arrivèrent à Dietz. Il était deux heures de l'après-midi. La porte de la maison était ouverte. Au bout d'un large et profond corridor, on voyait le jardin, et au fond de ce jardin un bosquet planté d'arbres et une pelouse de gazon. C'est dans ce bosquet que Marcus Junius Brutus conduisit Karl.

Au pied d'un vieux chêne, contemporain des Nibelungen, était assis, sur un banc de bois, un grand vieillard à cheveux blancs, encore droit, sec et vigoureux, dont la physionomie annonçait un rare mélange de fermeté et de bonté. Ses yeux gris, vifs et gais malgré l'âge, exprimaient le calme et la sérénité. En face de lui, assise sur la pelouse et la tête appuyée contre un arbre, la belle Wilhelmine lisait Polyeucte à haute voix et en français.

— Grand-père, dit Brandt en l'embrassant, je t'amène mon ami Karl.

Le vieillard présenta la main à Karl.

— Monsieur, dit-il, les amis de mon petit-fils seront toujours les miens.

Pendant ce temps, Wilhelmine s'était levée.

— Ma chère sœur, dit Brandt, je te présente le fléau des cuirassiers, le plus savant théologien de Heidelberg, le célèbre docteur Karl Brünner.

— Monsieur, dit Wilhelmine avec grâce, mon frère m'a déjà parlé de vous comme de son ami le plus cher. Soyez ici le bienvenu.

Pendant cette courte présentation, le bon Karl roulait son chapeau entre ses doigts comme un enfant de dix ans. Il n'était cependant ni gauche par nature, ni sans usage du monde, mais il se sentait interdit d'un accueil si simple et si tranquille. Il lui semblait qu'un bonheur si grand aurait dû être acheté par de plus grands efforts.

Peu à peu la conversation s'engagea et devint générale. Le vieillard se leva et montra son jardin à son hôte. Comme le bon Aristonoüs, il greffait lui-même ses arbres, il arrosait ses fleurs et ses légumes. Tout en parlant, il examinait Karl avec une curiosité bienveillante, le questionnait sur ses opinions en toutes choses, raillait doucement ses théories, et l'écoutait avec une attention qui flatta l'étudiant. Celui-ci, de son côté, ne pouvait assez s'étonner du grand sens et de la concision que le vieillard mettait dans ses paroles.

Du jardin, on passa dans la prairie. Le vieux Sombrefer (c'était le nom du grand-père de Brandt) montra à Karl les haies vives qu'il avait plantées lui-même, ses vaches Schwytz si bonnes laitières, et ses moutons, plus beaux que les Leicester. Karl était étonné de trouver réunis dans le même homme tant de zèle et de noble enthousiasme pour la patrie et la liberté, et tant d'intelligence de la vie pratique et de l'agriculture. Souvenez-vous, lui dit Sombrefer, du précepte de Zoroastre : « Il y a trois actions agréables à Ahura Mazda : bâtir une maison, planter un arbre, être père. » J'ai bâti ma maison, vous avez vu mes enfants, je n'ai plus qu'à planter des arbres, et, s'il plaît à Dieu, je dirai comme le fabuliste français :

Mes arrière-neveux me devront cet ombrage.

Dès le commencement de la promenade, Wilhelmine était rentrée dans la maison avec son frère pour faire préparer le repas et la chambre du nouvel hôte.

Au souper, qui était frugal et abondant comme tous les soupers de campagne, Karl se trouva placé à côté d'un médecin français qui venait d'arriver, et qui fut accueilli par tout le monde comme l'ami de la maison. Qu'on se représente Socrate à trente ans, avec sa tête de vieux Silène, ses lèvres toujours prêtes au sourire, son nez écrasé et ses yeux moqueurs et mélancoliques, voilà le nouveau convive.

La conversation devint tout d'abord générale. Brandt demanda au docteur des nouvelles de ses blessés.

— Ils vont aussi bien, répondit Ravinet (c'était son nom), qu'on peut aller quand on a le front fendu et le bras coupé.

— Et Schauenstein ?

— Oh ! celui-là est gros, frais et gaillard. Il est

déjà hors de mes mains. Monsieur, ajouta-t-il en se tournant vers Karl, permettez-moi de vous donner un conseil.

— Lequel?

— Vous êtes près de la frontière de France; allez visiter Strasbourg.

— Pourquoi faire?

— Pour voir la cathédrale.

— Je n'aime pas les monuments.

— Pour voir le Rhin.

— On le voit aussi bien de la rive droite.

— Eh bien, allez jusqu'à Paris. La ville est belle, les habitants sont de bonnes gens qui reçoivent fort bien les étrangers pour leur argent. Pour peu que vous ayez d'esprit et de mérite vous y ferez une fort belle fortune. Marcus Junius m'a dit que vous étiez fort savant et docteur en théologie; ce sera une nouveauté à Paris où depuis longtemps la théologie est abandonnée à ceux qui en vivent. Vous êtes protestant, vous serez protégé par tout ce qui n'est ni jésuite, ni moine, et, en France, c'est tout le monde. Vous parlez assez mal le français, on vous en saura gré parce que vous êtes Allemand; car, eussiez-vous d'ailleurs toute l'éloquence possible, il vous faudrait dix ans pour vous faire connaître si vous étiez né entre Tours et

Chinon. Tous les journaux vous seront ouverts. Des gens que vous ne connaissez pas, et qui s'intéressent à vous encore moins que vous ne vous intéressez à eux, feront de vous un éloge pompeux, et donneront vos ouvrages comme le dernier mot de la philosophie et de la poésie allemandes, si par hasard vous êtes philosophe ou poëte. Si vous êtes obscur, on vous dira profond ; Kant et Hegel ne seront auprès de vous que des petits garçons. Si vous vous faites entendre et parlez comme tout le monde, on sera étonné de voir un étranger qui ne manque pas de bon sens, on criera au prodige. Il unit, dira-t-on, le sublime de la rêverie germanique et la sûreté de l'exégèse d'outre-Rhin à tout l'esprit de Voltaire. Allons, monsieur, croyez-moi, allez à Paris, et, foi de Ravinet, je vous promets que vous ne vous en repentirez pas. La France est la patrie de ceux qui n'en ont pas.

— Mais dit Karl, moitié riant, moitié fâché du discours du médecin, l'Allemagne aussi est une patrie.

— Mon cher ami, dit Brandt, le docteur a raison. Tu feras bien de voyager. Les voyages forment la jeunesse. Va passer six mois en France.

— Voilà une plaisanterie singulière, pensa le bon

Karl. Et sur-le-champ il soupçonna que la belle Wilhelmine était aimée du Français, et que celui-ci voulait l'éloigner par jalousie.

— Si les voyages forment la jeunesse, dit-il à Brandt en souriant, tu n'as guère moins besoin de voyager que moi. Prends ton bâton de voyage, et viens avec moi, je te suivrai partout.

— Mon cher hôte, interrompit le vieillard d'un ton doux et sérieux, Ravinet parle fort sérieusement, et vous ferez très-bien de suivre son conseil. Il est dangereux de rester ici plus longtemps.

— Quel danger?

— O naïveté allemande! dit Ravinet. Vous avez mortellement offensé un des plus grands seigneurs de Prusse, vous l'avez rendu ridicule, et vous demandez quel danger vous pouvez courir!

— Eh bien, dit Karl, n'a-t-il pas un sabre pour venger lui-même ses injures? Qu'il m'attaque s'il l'ose!

— Mon cher monsieur, dit Ravinet, j'admire votre sang-froid quand je devrais peut-être m'étonner de votre simplicité. Je vois bien qu'il faut s'expliquer plus clairement. Êtes-vous gentilhomme?

— Qui sait? dit Karl. Je descends peut-être du grand Arminius.

— Rien n'est plus probable, reprit Ravinet; mais

votre généalogie s'est perdue dans l'obscurité des siècles par la négligence de vos ancêtres. Quel métier faisait monsieur Brünner, votre père?

— Il était fermier à trois lieues de Dusseldorf, dans la Prusse Rhénane.

— Fermier, vivant de son travail et du produit de sa ferme, c'est-à-dire ce que nous appelons en France un homme de rien; car le travail est, en tout pays, une marque assurée de servitude.

— Quoi! ne travaillez-vous pas en France et en Angleterre, dit Karl, et si vous travaillez n'êtes-vous pas libres?

— Il y aurait beaucoup à dire, répondit le médecin, sur la liberté dont nous jouissons. Enviez-vous celle des ouvriers de Rouen, de Lille, de Manchester et de Birmingham? Le *travail à mort*, la faim, la misère, l'ivrognerie, l'avilissement des races qui tombent dans d'effroyables désordres. Qui a produit tous ces maux? le travail, père de la servitude.

— Eh bien, reprit Karl en souriant, il faut que je l'avoue, je ne suis point gentilhomme; j'appartiens à cette race que Dieu a condamnée au travail, c'est-à-dire, puisque vous le voulez, au vice et à l'esclavage : que voulez-vous en conclure?

— Que vous n'aurez pas deux fois l'honneur de

5.

rencontrer monsieur le comte de Hohenzollern-Schauenstein l'épée à la main.

— Pourquoi non, s'il veut se venger de moi?

— Parce qu'il a dans les mains une vengeance plus prompte et plus sûre. Son frère est directeur de la police à Berlin; qu'il écrive un mot à celui de Bade (entre gens de police ces complaisances ne sont pas rares), vous serez enveloppé dans quelque complot contre la confédération germanique, enfermé dans une forteresse, et vous expierez par vingt ans de prison le plaisir dangereux d'avoir passé la corde au cou d'un grand seigneur et d'un méchant homme.

— Si je le croyais, dit Karl, je le forcerais bien de se battre, et cette fois je le tuerais comme un chien.

— Ce qui est différé n'est pas perdu, dit Ravinet. Nous avons pensé à votre affaire, Marcus et moi, et nous vous fournirons peut-être quelque jour l'occasion que vous cherchez. En attendant, soyez prudent, et partez.

— Je ne partirai pas, dit Karl avec force. Quelque cuirassier, colonel et grand seigneur qu'il soit, je ne crains ni lui, ni ses secrètes embûches, ni la police de Berlin, ni celle de Bade. Je resterai, je l'attendrai, je le provoquerai et je le tuerai.

— Voilà quatre futurs contingents. Au reste, je ne blâme pas votre résolution. Il serait prudent de partir; il est courageux de rester. Le courage est la vertu des héros; la prudence est celle des sages. Entre ces deux vertus je serais fort embarrassé de choisir. Restez si vous voulez, mais soyez sur vos gardes. Je connais la haine du comte, et je sais de bonne part qu'il a écrit à Berlin, et qu'avant peu vous aurez des nouvelles de la police de Bade.

— Quand donc viendra le jour, dit amèrement Karl, où chaque Allemand pourra s'asseoir, tranquille, *sous sa vigne et sous son figuier?*

— Ce jour est plus proche que vous ne pensez. Je vois, à certains signes qui ne sont pas trompeurs, que l'orage est proche. L'Europe entière est mûre pour une révolution. Plus d'un million d'hommes en Allemagne sont enrôlés dans les sociétés secrètes et prêts à prendre les armes pour la liberté.

Un signe du vieillard interrompit la conversation. On parla d'autre chose, de métaphysique, de peinture, de sculpture, de musique surtout; la belle Wilhelmine entr'ouvrit pour la première fois ses lèvres de rose. Et Karl vit bien, à la déférence extraordinaire que chacun avait pour ses idées, que son grand-père, son frère et le médecin avaient la plus haute opinion de son mérite. Elle parla d'une voix douce et sympathique qui remuait au fond du cœur de l'étudiant une foule de sensations inconnues. Les yeux fixés sur elle, la bouche à demi ouverte, il semblait la vivante image de l'Admiration. Il avait raison d'admirer, car jamais plus belle jeune fille ne parla plus éloquemment de tout ce qui fait oublier à l'homme les ennuis de ce monde sublunaire, mais je ne chercherai pas à donner une idée de son discours. Ravinet, qui était mon ami intime, et de qui je tiens les détails de cette histoire, m'a avoué qu'il était impossible de résister au charme de cette belle personne. Elle unissait un bon sens tout français à une tendresse mystique qu'on ne trouve qu'en Allemagne. Ses yeux, d'une douceur étrange, étaient gris comme ceux de Cléopâtre et de Marie Stuart. Ils n'avaient ni la dureté des yeux noirs des femmes espagnoles, ni la langueur uniforme des yeux bleus du Nord. Ces yeux admirables étincelaient quand elle s'animait au récit d'une belle action, ou lorsqu'elle parlait du devoir que Dieu impose à tous les hommes de vivre et de mourir pour le bien de l'humanité. Au nom des héros anciens, de ces hommes sublimes qui préférèrent la liberté à la vie, on la voyait frémir d'enthousiasme et pleurer de joie et d'orgueil. Ravinet m'a dit souvent qu'elle exerçait sur tous ceux qui l'ont vue un empire si extraordinaire qu'on lui obéissait sans raisonner et sans savoir pourquoi. Il n'était cependant pas amoureux d'elle. Un cher et ancien souvenir le défendait contre l'amour, et l'amour lui-même n'a plus de mystères pour celui qui connaît trop l'anatomie. Il regardait la jeune Allemande avec la tranquillité philosophique d'un homme à qui la vie est connue, et qui a dépensé dans une première passion toute l'ardeur et toutes les illusions que lui avait données la nature.

V

Après souper, le vieillard et la jeune fille se retirèrent, et Karl resta seul à causer avec Brandt et Ravinet. On était à la fin de l'automne. La nuit était noire. Des nuages épais cachaient les étoiles, et un vent violent soufflait dans la campagne. Karl se sentait ému sans savoir pourquoi, et un pressentiment secret l'avertissait que sa destinée allait se décider dans un instant. Ses deux compagnons gardaient un silence plein de pensées. Il essaya de renouer la conversation ; l'un et l'autre ne lui répondirent que par des monosyllabes. Tous trois fumaient près de la fenêtre ouverte.

— Quel singulier accueil! pensait le bon Karl. A quoi pense ce joyeux Marcus qui faisait tant de folies à l'Université?

Il ne tarda pas à le savoir.

— Mon cher ami, lui dit Brandt, le moment est venu de parler à cœur ouvert. Es-tu décidé à vaincre ou à mourir pour la liberté de l'Allemagne?

— Je le suis, dit Karl avec une résolution sombre, mais calme.

— A donner pour elle ton sang, ta fortune et ta liberté?

— Je le jure.

— Eh bien, continua Brandt, dans douze jours il y aura une grande réunion des délégués des sociétés secrètes, à deux lieues de Heidelberg. Ravinet, à qui j'ai répondu de toi, et moi-même, nous te présenterons à ces hommes intrépides qui, depuis trente ans, font trembler les rois sur leurs trônes, et qui se multiplient sous le fer des bourreaux. Ravinet est un des principaux chefs.

Karl regarda le médecin avec un étonnement mêlé d'admiration, à peu près comme un enfant qui aurait découvert dans le vieil invalide qui radote un vainqueur d'Austerlitz et d'Iéna.

— Quoi! dit Karl, seriez-vous par hasard ce fameux Ravinet qui commandait les insurgés de la barricade de Saint-Merry et qui s'échappa avec tant de courage et de bonheur en traversant à la baïonnette deux bataillons d'infanterie?

Cette question et le ton dont elle était faite firent sourire le Français.

— Je suis ce *fameux* Ravinet, dit-il, puisque vous le voulez. La vérité est que je combattais en effet sur la barricade Saint-Merry, et que, malgré trois blessures, j'eus le bonheur de n'être ni tué ni prisonnier.

— Et vous êtes exilé?

— Exilé volontaire. Depuis dix ans j'aurais pu rentrer en France si je l'avais voulu. Dans un pays où tout le monde conspire à son tour, le gouvernement, quel qu'il soit, a toujours pour les conspirateurs une certaine indulgence. L'émeutier d'aujourd'hui peut devenir un héros demain.

— Et pourquoi ne rentrez-vous pas dans votre patrie? Craignez-vous des persécutions secrètes?

— On voit bien, dit Ravinet, que vous n'avez jamais passé la frontière. En France les ministres tremblent devant l'opposition, qui se moque fort des ministres. Si quelque agent de police mettait la main sur moi, vous verriez un beau tapage. Les républicains, les légitimistes, les mécontents de toute espèce, en un mot, tout ce qui n'est pas fonctionnaire public, crierait à la tyrannie, et, fussé-je pris sur une barricade, les armes à la main, je trouverais encore des avocats pour plaider ma cause, des jurés pour m'acquitter, et des journaux pour faire de moi une victime innocente.

— Heureuse France! dit Karl, et si vous êtes libre pourquoi conspirez-vous? Est-ce par haine personnelle contre Louis-Philippe?

— Moi! le haïr! dit Ravinet. Et quel sujet de haine pourrais-je avoir contre lui? Il n'aime pas la république, c'est son métier, et je ne le blâme pas. C'est d'ailleurs le meilleur homme du monde et le plus accommodant, doux, humain, éclairé, et qui sait et joue à merveille son rôle de roi constitutionnel. A coup sûr la France n'a jamais été si libre, si riche et si heureuse qu'aujourd'hui ; mais le sort de l'homme est de n'être jamais content. Le serf russe désire la liberté civile; vous, mon jeune Prussien, vous voulez la liberté politique, et nous Français, qui avons l'une et l'autre, nous voulons les donner au genre humain tout entier.

— Êtes-vous nombreux?

— Huit ou dix mille, tout au plus; mais derrière nous se presse une armée immense, qui, sans se l'expliquer, a les mêmes instincts, et nous avons pour nous Christ même qui dit que tous les hommes sont frères.

— Mais quel intérêt prenez-vous, dit Karl, à la liberté de l'Allemagne?

— O têtes carrées d'Allemands, dit Ravinet, ne comprendrez-vous jamais qu'aucun peuple ne peut rester libre, si son voisin est esclave; qu'il faut s'unir contre les rois comme les rois s'unissent contre nous, et vaincre ou périr ensemble? Ne voyez-vous pas qu'il peut y avoir des trêves, mais qu'il n'y aura jamais de paix durable entre ces deux principes qui se disputent le monde? Vous croyez-vous une race d'élite à qui seule Dieu doit la liberté, et laisserez-vous vos frères tomber dans l'abîme, faute de leur tendre une main secourable?

— Allons, dit Karl, j'ai tort, et je me livre à vous avec confiance. Dans trois jours je serai au rendez-vous avec Marcus.

Brandt conduisit ses deux amis dans la chambre commune qui leur était destinée, et se retira. Il était déjà tard, et aucun d'eux n'avait remarqué un homme qui, protégé par l'obscurité de la nuit, s'était tenu blotti dans l'angle du mur, et avait écouté toute la conversation dans une immobilité parfaite. Les deux hôtes de Brandt étaient près de se coucher lorsque cet homme quitta son asile, et, s'avançant sous les tilleuls de la petite cour, dit à voix basse à un autre homme caché dans l'ombre :

— Tout dort, monsieur le comte. C'est le moment.

A ces mots, six hommes s'approchèrent de la fenêtre. Deux d'entre eux portaient une échelle qui fut appuyée contre le mur de la maison. Le comte, vêtu d'un paletot de couleur sombre par-dessus son uniforme de colonel des cuirassiers, mit le pied sur le premier échelon et se disposa à monter.

La maison, qui n'avait qu'un étage, était flanquée de deux pavillons, l'un à droite, l'autre à gauche. Au centre était la chambre du vieillard; entre cette chambre et le pavillon de droite, où couchait Brandt, était celle de Wilhelmine; et dans l'autre pavillon, en face de Brandt, ses deux hôtes. Un long et large corridor aboutissait à toutes les chambres. Au rez-de-chaussée, dans une grande cuisine, couchait la servante de la maison. Les ouvriers qui cultivaient la ferme demeuraient dans une vieille métairie située à cent pas de la maison, et ne pouvaient rien entendre.

Au moment où l'échelle fut appuyée contre le mur, l'un des hommes qui la tenaient fit crier le sable sous ses pas. Ce bruit éveilla l'attention de

Karl, qui rêvait, à demi vêtu, assis près de la fenêtre. Il se pencha avec précaution sur le bord, et aperçut, sans les distinguer, plusieurs ombres qui s'agitaient et parlaient à voix basse. La vue de l'échelle dressée contre le mur de la chambre de Wilhelmine lui fit comprendre qu'il s'agissait d'une escalade nocturne, et son sang se glaça dans ses veines. Était-ce un vol ou un enlèvement? Dans cette cruelle incertitude, il alla doucement éveiller Ravinet qui s'endormait déjà, et lui fit part de ses inquiétudes. Ravinet, toujours prêt à tout comme un vieux soldat, se leva sans bruit et s'habilla en deux secondes. Tous deux revinrent à la fenêtre.

Le comte était déjà au sommet de l'échelle, tout occupé à desceller les contrevents fermés. Impatienté de ses efforts inutiles, il appela distinctement l'homme qui avait écouté la conversation des trois amis après le souper :

— Bauer!

— Monseigneur! répondit celui-ci, qui n'était autre que l'amant de Gertrude.

— Donne-moi un levier pour soulever et desceller ce maudit contrevent.

— Prenez garde, monseigneur, dit le tailleur effrayé. C'est une effraction. Vous ferez du bruit. La jeune fille va crier, appeler au secours, son frère viendra et vous serez obligé de vous battre.

— Eh bien! nous le tuerons. Fait-on une omelette sans casser des œufs?

— Et croyez-vous, monseigneur, que la sœur vous aimera jamais si vous tuez le frère?

— Qu'elle m'aime ou me haïsse, que m'importe? Je veux qu'elle soit à moi, et elle sera à moi. Tout l'enfer ne l'arracherait pas de mes bras. Allons, vite, donne-moi la pince.

Bauer tendit la pince avec résignation.

— Mon cher, dit Ravinet à son compagnon, avez-vous jamais vu un loup pris au piége?

— Jamais.

— Eh bien, ouvrez les yeux. Avez-vous des armes?

— Non.

— Peu importe. J'en ai pour deux. Nous allons rire tout à l'heure aux dépens de ce gros don Juan.

— Est-ce que vous connaissez d'avance son projet?

— Parfaitement, et j'en ai prévenu Brandt.

— Pourquoi n'avez-vous pas averti la police de Heidelberg?

— A quoi bon? Pour éviter le scandale horrible de prendre en flagrant délit un si grand seigneur, la police l'aurait averti elle-même. Il eût mis l'affaire à un autre jour. Aujourd'hui, nous sommes sur nos gardes.

— Où donc est Marcus?

La porte s'ouvrit. Brandt, sans prononcer une parole, fit signe à ses amis de le suivre. Tous trois entrèrent sans bruit dans le long corridor qui conduisait à la chambre de Wilhelmine. La porte était ouverte, et tout indiquait que la chambre n'avait pas été habitée cette nuit-là. Sur une table étaient deux sâbres, une hache et trois paires de pistolets.

Brandt prit la hache et se tint debout, appuyé sur le manche, et regardant du côté de la fenêtre.

— Où est ta sœur? dit Ravinet.

— Dans la chambre de mon grand-père. Tous deux sont prévenus de ne pas remuer, quelque bruit qu'ils entendent. J'ai eu beaucoup de peine à empêcher le vieillard de se joindre à nous; mais Wilhelmine l'a retenu en disant :

— Je ne crains rien pour mon frère, puisque M. Ravinet est avec lui.

— Elle a raison l'enfant, dit le médecin, avec un sourire de joie et d'orgueil. J'ai vu des mêlées plus sanglantes que celle que nous prépare ce soudard débauché, et j'espère, mon cher Marcus, que nous ne ferons honte ni à la jeune France, ni à la vieille Allemagne. Quant à vous, jeune homme, dit-il à Karl, voilà une belle occasion de faire vos premières armes.

Karl serra fortement la main que lui tendait le Français. Son cœur était gonflé d'une joie virile. Il jouissait du rare bonheur d'avoir à combattre pour ses amours. Ce bonheur, si commun dans les temps chevaleresques, ne se rencontre pas dix fois par siècle dans nos ennuyeux pays d'Occident, où la civilisation supprime toutes les passions héroïques, et réduit les hommes à n'agir que par masses profondes. Au moyen âge, pour plaire à sa dame, un chevalier conquérait le Portugal, ou la Sicile, ou Naples, ou l'Angleterre; un Boucicaut devenait duc de Gênes; un Brienne, empereur de Constantinople ou roi de Jérusalem. Aujourd'hui, l'homme le plus intrépide et le plus amoureux, sevré de folies héroïques, est réduit à porter un habit noir, à faire des visites aux ministres et à leurs commis, et à solliciter une préfecture ou un bureau de tabac.

Au moment où Karl faisait ces réflexions, le volet céda sous les efforts du comte, et tomba dans la cour. Schauenstein sauta dans la chambre par la fenêtre qu'on avait laissée ouverte exprès. Derrière lui entra un homme qui tenait une lanterne sourde. Trois autres les suivaient de près. Tous étaient armés jusqu'aux dents. Au premier rayon de lumière, Schauenstein reconnut avec stupéfaction le piége où il était tombé.

— Ah ! dit-il, ils sont sur leurs gardes. Eh bien, tant mieux ! Bataille ! mes amis, bataille !

Et tenant de la main droite son sabre nu, et de la gauche un pistolet, il tira sur Brandt qui lui faisait face. Le coup ne partit pas.

— Assassin ! dit Brandt, et il lui déchargea sur la tête un coup de hache furieux. Malheureusement, le comte l'évita, et la hache fendit le crâne d'un des compagnons de Schauenstein. Le malheureux tomba mort sans pousser un cri.

— Maladroit ! dit le colonel avec un éclat de rire qui fit frémir tous les témoins de cette scène. A moi, maintenant !

Et il lui porta un coup de pointe dans la poitrine. Marcus le para à demi en relevant sa hache, mais il la laissa retomber et s'affaissa sur lui-même. Karl le crut mort et poussa un cri.

— Silence ! dit à voix basse Ravinet en lui montrant du doigt la chambre où Wilhelmine et son grand-père attendaient le résultat du combat. En même temps, il s'avança sur le comte pour venger la mort de son ami. Ses yeux étincelaient de fureur. Le médecin sceptique et railleur avait disparu. En une seconde, il était redevenu le terrible et opiniâtre combattant du cloître Saint-Merry. Un des complices de Schauenstein s'avança pour sauver son maître; il tenait une carabine à baïonnette dont il voulait percer Ravinet; celui-ci para le coup avec son sabre, arracha la carabine des mains de son adversaire et lui perça le cœur d'un coup de baïonnette. D'un coup de crosse il assomma un autre combattant, et déjà les derniers venus, découragés, regardaient avec frayeur du côté de la fenêtre et songeaient à la retraite.

— Eh bien, drôles, cria le comte, laisserez-vous votre colonel dans le danger? Du courage, coquins. Deux hommes vous font-ils peur?

— Euh! dit Bauer en enjambant la fenêtre et en descendant par l'échelle, celui-ci est plutôt un diable qu'un homme.

Schauenstein était resté seul sur le champ de bataille avec un de ses hommes.

— Deux contre deux! dit Ravinet, la partie est égale. Je me charge de ce gros colonel, ami Brünner, chargez-vous de son compagnon.

— Et moi, je me charge de vous deux, dit le comte. Ah! mon ami Brünner, tu m'as presque pendu avant-hier. Je vais prendre aujourd'hui ma revanche.

Et il tira sur Karl un coup de pistolet. L'étudiant reçut la balle dans l'épaule gauche et tira à son tour. Schauenstein tomba en arrière et voulut en vain se relever. L'homme qui l'accompagnait, se voyant seul contre Ravinet, se jeta à genoux et demanda grâce. Le médecin, voyant la bataille finie, le désarma.

— Misérable! dit-il, je devrais te faire pendre; mais je te fais grâce, à condition que tu répondras franchement à toutes mes questions. Qu'es-tu venu faire ici?

— J'ai suivi mon colonel.

— Tu es donc soldat?

— Je suis cuirassier dans son régiment.

— Et ceux qui étaient avec toi?

— Ce sont des soldats de son régiment, comme moi.

— Savais-tu qu'il s'agissait d'un enlèvement?

— Oui.

— Pourquoi n'as-tu pas refusé le service?

— Parce que la discipline veut qu'un soldat obéisse à son colonel.

— Même s'il t'ordonnait de faire feu sur les passants?

— Oui.

— Même hors du service?

— Est-ce que je sais si ses ordres sont dans le service, ou hors du service? Je ne connais que mes chefs, et je mets sur leur conscience les ordres qu'ils me donnent.

Ravinet regarda Karl en souriant.

— Voilà, dit-il, une admirable mécanique, et qui fait honneur à l'armée prussienne.

Puis se tournant vers le soldat :

— Toi et ton camarade qui s'est enfui, vous allez emporter ces corps, et les ensevelir où bon vous semblera. Si vous dites un mot de ce qui s'est passé ici cette nuit, je vous dénonce aux tribunaux et je vous fais tous pendre.

Le soldat promit d'obéir. Karl et Ravinet prirent les deux morts et les jetèrent dans la cour. Restaient Schauenstein et Brandt, qui ne donnaient aucun signe de vie. Ravinet prit le comte, et, se faisant aider du soldat, il le jeta dans la cour. La douleur réveilla Schauenstein de son évanouissement, et il poussa un grand cri.

— Bon! dit Ravinet avec sang-froid, s'il n'est pas mort, il n'ira pas loin. Nous voilà bien débarrassés. Le soldat descendit le dernier par l'échelle et alla chercher Bauer pour emporter les morts et les mourants. Pendant ce temps, le médecin soulevait Marcus avec précaution, et examinait sa blessure à la lueur de la lanterne sourde qui éclairait seule le lieu du combat.

Brandt n'était qu'évanoui. Il avait perdu beaucoup de sang, mais sa blessure n'était ni mortelle ni même dangereuse. Il ouvrit les yeux avec peine, fit un effort pour se rappeler le passé et sourit en se voyant entouré de ses deux amis.

— Tout va bien, Marcus, lui dit Ravinet. L'ennemi est mort ou en fuite, et nous sommes maîtres du champ de bataille.

Pour toute réponse, l'étudiant lui serra la main. Le médecin examina la blessure de Karl, et retira la balle qui n'avait endommagé que les chairs.

— Nous en sommes quittes à bon marché, dit tranquillement Ravinet. Dans huit jours, mon bon Marcus, tu seras frais et dispos. Quant à vous, mon jeune théologien, après-demain vous pourrez sans inconvénient monter à cheval ou lire les Pères de l'Église, à votre choix. Croirait-on qu'il y eût tant de vertu guerrière dans l'étude de saint Chrysostome et de saint Augustin? Vive l'exégèse qui vous apprend à manier le sabre avec sang-froid et à tirer sur un homme comme sur un perdreau! Par le Dieu vivant! mon cher Brünner, pour un homme de profession pacifique, vous avez de grandes dispositions à la bataille.

Karl reçut le compliment avec modestie, et, prenant Brandt sous un bras pendant que le médecin le portait à demi, tous deux l'aidèrent à se traîner vers la chambre où Wilhelmine et son grand-père s'étaient barricadés. A la vue de son frère tout sanglant et qui ne pouvait se soutenir, la jeune fille pâlit, et, se précipitant vers Marcus, elle l'embrassa avec des transports de tendresse. Ravinet la rassura d'abord, et lui dit en deux mots l'événement. Pendant qu'il parlait, Karl rougissait de plaisir de s'entendre louer devant Wilhelmine. Il était fier de sa blessure qu'il n'aurait pas donnée pour l'empire d'Allemagne. Il était devenu un personnage aux yeux de celle qu'il aimait. Le remerciement de Wilhelmine fut court, mais expressif; sa voix était si douce, et ses yeux d'une puissance magnétique se tournèrent avec tant de grâce sur le trop heureux Karl, que le bon théologien eût donné de grand cœur dix ans de sa vie pour trouver l'occasion de se faire estropier à son service. Il ne songeait pas encore à être aimé lui-même; il ne songeait qu'à aimer. L'amour, dans une âme vierge et que le travail et la science ont préservée de toute corruption, est toujours modeste et timide. Karl était doublement heureux, et d'aimer, et d'aimer la sœur de son ami le plus cher. Il ne désirait encore rien, mais il espérait déjà.

Après quelques instants donnés à la reconnaissance et au plaisir de retrouver ses amis vivants et victorieux, le vieux Sombrefer donna le signal de la retraite. Karl et Ravinet ne voulurent pas se coucher avant d'avoir fait le tour de la maison et visité les environs de peur de quelque nouvelle surprise. Ils furent très-étonnés de ne trouver d'autre trace du combat que quelques gouttes de sang et de l'herbe froissée. Les ennemis avaient emporté leurs morts et leurs blessés. La voiture qui était destinée à l'enlèvement de Wilhelmine avait servi au transport des cadavres, et le cocher, aidé de Bauer et du soldat à qui Ravinet avait donné la vie, les avait ensevelis en plein champ, dans une fosse creusée à la hâte.

Cette promptitude à faire disparaître les traces du combat inquiéta Ravinet.

— Il faut, dit-il à Karl, que ces coquins aient été plus nombreux que nous ne pensions, et que Schauenstein ne soit pas tout à fait mort. Tant pis, s'il est encore vivant, mon cher Brünner ; vous ne faites jamais les choses qu'à moitié. Il vaudrait mieux, en vérité, ne pas vous en mêler du tout. Quand on tient à portée de pistolet un bandit de cette espèce, il ne faut pas marchander et lui laisser le temps de se reconnaître. Il faut lui brûler la cervelle. Qui sait quels embarras ce Prussien pourra nous causer encore?

— Par Castor et Pollux! dit Karl, j'ai cru l'avoir tué. S'il n'est pas mort, il faut qu'il ait la peau plus dure que le cuir d'un éléphant. Qu'il vive, d'ailleurs, si bon lui semble, avons-nous sujet de nous en inquiéter?

— Sage théologien, dit Ravinet, croyez-vous qu'un homme a peur quand il s'informe de son ennemi? Ce sont les petits enfants qui ferment les yeux au danger, et qui n'y croient plus dès qu'ils ne le voient plus.

— Et quel danger craignez-vous? dit Karl. Le bruit que le combat de cette nuit va faire dans Heidelberg nous garantit assez que Schauenstein n'osera jamais reparaître, de peur des tribunaux de Bade.

— O naïf jeune homme! et vous ne craignez que ses coups d'épée? De ceux-là, nous saurons bien nous garantir; mais ce que je redoute surtout, c'est son influence à Berlin, c'est son frère qui est directeur de la police, c'est l'imprudence que nous avons faite de parler ce soir à haute voix, quand ce Bauer et ses compagnons pouvaient nous entendre. D'un pareil adversaire tout est à craindre.

— Bon! dit Karl, vous vous forgez des chimères.

Ravinet leva doucement les épaules, et tous deux rentrèrent dans le pavillon où ils devaient coucher; mais ils ne dormirent pas, de crainte d'une surprise nouvelle. La conversation continua, mais interrompue par de longs silences. Karl était préoccupé d'une idée pénible; il craignait que le médecin n'aimât Wilhelmine et n'en fût aimé. Il ne répondait à ses avances qu'avec distraction. Il aurait voulu l'interroger et sentait que sa curiosité serait fort ridicule. Il parla de Wilhelmine d'un ton qu'il cherchait à rendre indifférent; mais sa voix tremblait en prononçant ce nom. Il craignait de le voir profané par quelque raillerie du sceptique médecin. Il se trompait. Ravinet, qui du premier coup d'œil avait deviné ses sentiments, lui parla d'elle avec un respect touchant et une affection profonde, mais sans affectation et sans amour. Karl, enhardi par la confiance de son nouvel ami, et ne voyant pas qu'il découvrait lui-même ses secrets en croyant lui arracher les siens, finit par lui demander s'il l'aimait.

— D'amour? dit Ravinet, non, assurément.

— Et pourquoi non? n'est-elle pas belle? n'a-t-elle pas toute la grâce, tout l'esprit, toute la bonté qu'on peut désirer dans une femme?

— Oui, elle a tout cela, et bien d'autres qualités plus solides que vous n'apprécierez qu'avec le temps; mais je ne suis plus en âge d'aimer.

— Et quel âge avez-vous? dit Karl avec surprise.

— Trente-cinq ans; mais j'ai aimé déjà, et ce bonheur ne se rencontre pas deux fois dans la vie.

— Et fûtes-vous aimé, à votre tour?

— Autant que j'aimais moi-même, c'est vous dire que la mort seule a pu nous séparer.

Karl le pressa de lui faire le récit de ses amours.

— Je le veux bien, dit Ravinet. Ce sera pour vous une excellente leçon et un avertissement de ne pas vous attacher à une créature mortelle et périssable.

J'étais étudiant en médecine et je suivais le cours du célèbre Dupuytren. Un matin, le maître, qui m'aimait beaucoup et qui avait pour moi des faveurs particulières, me prend dans sa voiture au sortir du cours et m'amène au faubourg Saint-Honoré, chez un lord anglais qui s'était cassé une jambe la veille au bois de Boulogne. C'était un grand et gros homme, gras, fort et bien nourri, qui souffrait cruellement et poussait des cris inhumains pendant le pansement. Sa femme, une grande Anglaise, sèche, impertinente et un peu sotte, comme la plupart des grandes dames de son pays, le regardait sans desserrer les dents. Dans la chambre, une troupe d'enfants, témoignage vivant de la tendresse conjugale de ces braves gens, gardaient un sérieux profond et un sang-froid admirable pour des enfants qui voient les souffrances de leur père. Le pansement fini, le gros lord, qui sans doute ne comptait pas beaucoup sur la tendresse passionnée et les soins de sa famille ou de ses domestiques, me pria de revenir tous les jours jusqu'à son entière guérison, et tout d'abord, malgré sa blessure, m'invita à déjeuner. Entre la quatrième et la cinquième bouteille de porto, de sherry et de champagne, mylord me fit ses confidences. Il n'aimait pas beaucoup sa femme, qui le lui rendait avec usure, mais en revanche il adorait une jeune institutrice qu'il avait emmenée du pays de Kent et qui était, disait-il, la plus belle et la plus douce personne de la création. « Et vous aime-t-elle? lui demandai-je avec une curiosité assez indifférente. — Elle! miss Lucy! oh! non, la petite ingrate me laissera mourir de chagrin. » Il me dit alors qu'il avait employé les procédés les plus délicats pour se faire aimer de sa maîtresse; qu'un jour entre autres il avait voulu lui donner un cachemire, une robe magnifique, des diamants, une voiture, des chevaux, des meubles et une inscription de mille livres sterling de rente, mais que l'ingrate avait tout refusé avec indignation. « Et si elle est indignée de vos offres, pourquoi ne vous a-t-elle pas quitté? — J'ai pris mes précautions, me dit le lord. Je l'ai menacée, si elle sortait d'ici, de dire partout et d'écrire à ses parents que je la renvoyais pour mauvaise conduite. » Vous devinez assez, mon cher Brünner, l'impression que me fit éprouver le discours de ce gros ivrogne. Je n'en fis rien paraître néanmoins, et je témoignai quelque curiosité de voir l'objet d'une flamme si belle et si pure. Le lord envoya prier miss Lucy de venir dans sa chambre.

Vous savez, mon cher ami, ou vous saurez un jour, que la femme qu'on aime est toujours la plus belle du monde entier; aussi ne vous ferai-je pas l'éloge de Lucy. Elle était de taille moyenne, avec des cheveux blonds et fins comme la soie, des yeux bleus admirables de douceur, un nez droit, fin et légèrement retroussé, et une physionomie pleine de charme et de gaieté. Bien faite d'ailleurs, et bien proportionnée en toutes choses, elle avait des mains ouvertes et, j'oserais dire, spirituelles, car vous êtes trop philosophe pour ne pas savoir que toutes les parties du corps ont un sens pour qui sait les déchiffrer. Dès qu'elle parut, j'en devins amoureux jusqu'à la folie. Elle s'avança avec une grâce modeste et charmante, prononça quelques paroles que je n'entendis pas et sortit au bout d'un instant. La chambre du malade me parut tout d'un coup plongée dans l'obscurité. Je sortis moi-même, et, me sentant échauffé par le vin que j'avais bu, j'allai à pied me promener au bois de Boulogne. J'errais en rêvant dans les allées lorsque, après quelques instants, je fus interrompu dans ma rêverie par des cris d'enfants. Je me retournai et vis miss Lucy qui marchait derrière moi dans la même allée, et que précédaient et suivaient cinq ou six petites filles que je reconnus pour les enfants du gros lord. Vous rirez de moi peut-être, si je vous dis que je fus contrarié de cette rencontre et que je faillis prendre la fuite. Heureusement, l'ennemi était déjà près de moi, et l'une des petites filles que j'avais caressée le matin me reconnut et vint à moi comme à un vieil ami. Je l'embrassai avec un vrai plaisir, et je me trouvai présenté sans avoir paru chercher l'occasion. Miss Lucy me salua en souriant et me montra les plus jolies et les plus blanches dents que j'aie vues jamais. Son seul défaut, car elle n'était pas parfaite, était de montrer ses dents sous le moindre prétexte. La conversation s'engagea, les enfants se dispersèrent pour courir, et nous restâmes à peu près seuls au milieu du bois. Malgré sa beauté, elle était savante comme une Anglaise laide; elle avait l'esprit fin, gracieux, un peu mordant, mais toujours gai. De plus, elle parlait fort bien le français, et le léger accent anglais qu'elle avait conservé donnait à ses moindres paroles une originalité piquante. Nous causâmes longtemps et de toute sorte de choses. Je ne me lassais pas de l'entendre. Elle était puritaine et fille d'un ministre dissident, chargé d'une nombreuse famille. C'est vous dire que le pauvre homme avait assez de peine à vivre et n'avait pu donner à ses enfants qu'une éducation savante et inutile. Un des frères de Lucy était sergent dans l'armée de la compagnie des Indes, un autre avait émigré au Canada, un troisième était régisseur d'une plantation à la Jamaïque. En quelque partie du monde que ce fût, sa famille, véritable image de l'Angleterre tout entière, avait un représentant. L'heure du dîner, qui approchait, ramena les enfants, et Lucy retourna avec eux à la maison.

Le lendemain, je la revis au bois de Boulogne; elle ne montra pas le moindre étonnement de me revoir : nous nous étions compris sans nous rien dire, et pendant un mois ces entrevues ne furent troublées par aucun accident. Le dernier jour du mois, je lui dis que je l'aimais et que je n'aimerais jamais qu'elle au monde. Elle me répondit en riant qu'elle le savait bien, et qu'un étudiant qui demeure dans la rue Saint-Jacques ne fait pas tous les jours quatre lieues à pied pour voir une jeune fille dans le simple dessein de causer de théologie ou de musique (deux sciences dans lesquelles elle excellait) ; qu'elle trouvait fort bon que je prisse la peine de l'aimer ; mais qu'elle me suppliait de ne pas trouver mauvais qu'elle fît de longues réflexions avant de s'engager elle-même ; qu'elle risquait beaucoup plus que moi dans cette affaire et qu'elle voulait éprouver quelque temps ma constance. Je l'appelai cruelle, ingrate et barbare, suivant l'usage du siècle dernier, et je lui baisai les mains qu'elle retira d'un air assez sérieux, mais sans trop de rigueur. Je m'en allai plein d'espérance et de doute, mais passionnément amoureux.

Je rentrai tard chez moi, et fus fort étonné d'apprendre de ma portière qu'une jeune dame avait pris la clef de ma chambre et s'y était installée. En entrant, j'aperçus Lucy qui s'était assise tranquillement et qui attendait mon retour. Elle avait mis son chapeau sur mon lit, et, les cheveux à demi dénoués, elle lisait la *Recherche de la vérité*, de Malebranche. Je vous ai déjà dit qu'elle était savante. A cette vue, je sentis un mouvement de joie si vif que je m'élançai vers elle, et qu'avant qu'elle eût pu s'en défendre, je la serrai étroitement dans mes bras, et couvris de baisers sa figure et son cou. Elle se dégagea pourtant et me fit des reproches assez sévères de vouloir abuser de la confiance qu'elle avait eue dans mon honneur. Elle me dit qu'une des petites filles dont elle était l'institutrice m'avait vu lui baiser les mains quelques heures auparavant, qu'elle l'avait raconté à ses parents pendant le dîner; que milady indignée avait prononcé un *shocking* si fortement accentué qu'elle avait dû quitter la maison sur-le-champ; que mylord l'avait de plus appelée hypocrite et perverse, et lui avait défendu, avec toute l'énergie de la vertu offensée, de reparaître jamais devant ses yeux; qu'elle ne connaissait personne à Paris qui pût prendre soin d'elle, et qu'elle me priait, puisque j'étais en partie cause de sa disgrâce, de faire tous mes efforts pour la réparer et pour lui procurer de l'ouvrage chez une lingère.

Pendant qu'elle parlait, j'étais fort distrait, et je dois avouer que je la regardais plus que je ne l'écoutais. Elle était admirablement belle ce jour-là, et les belles lignes de son visage inspiraient le respect en même temps que l'amour; mais l'homme est faible, et, en la voyant seule avec moi dans ma chambre, je ne sais quelle idée plus passionnée qu'honnête me traversa la cervelle et fit bouillonner le sang dans mes veines. Je sentais mon cœur battre avec une violence inouïe, et l'émotion m'empêchait de parler. Elle s'en aperçut et rougit, et n'en devint que plus belle. Il y eut un moment de silence qui devenait difficile à rompre, et qui était fort dangereux. Ce chapeau rose déposé sur mon lit me semblait un signe certain qu'elle se livrait entièrement à moi. Je fus sur le point de me jeter à ses genoux, et de faire quelque sottise irréparable. Elle lut ma pensée dans mes yeux, se leva, et remit son chapeau sur sa tête. Pendant qu'elle nouait les rubans, et que je la regardais avec stupéfaction, je sentis que, si je la laissais partir, je ne la reverrais jamais. Cette idée me rendit mon sang-froid. Je me levai à mon tour, et lui dis que je l'aimais trop passionnément pour vouloir lui causer quelque inquiétude. Je la suppliai de rester et de m'entendre. Elle me regarda d'un air indécis et vit sans doute dans ma contenance et dans mes paroles tant de respect et d'amour qu'elle reprit confiance. Je lui jurai qu'elle n'aurait pas en vain compté sur moi, que je la conduirais, le lendemain, chez une de mes parentes, modiste renommée du quartier des Italiens, et qu'elle y trouverait un refuge assuré contre la colère de mylord, et même, si elle le désirait, contre mon amour. Elle sourit, et, voyant ma sincérité, consentit à s'asseoir. Ah! mon ami, quelles heures j'ai passées près d'elle à m'enivrer de ses regards, à l'entendre parler, à lui faire raconter sa vie passée, et à lui jurer un amour éternel. La nuit était trop avancée pour que je pusse lui chercher un autre asile; elle-même ne voulut pas rester seule dans une chambre d'étudiant et dans un hôtel garni. Nous attendîmes le jour sans fatigue, et, dès qu'il eut paru, je la menai chez ma parente qui eut d'abord envie de rire, et fronça même le sourcil en me voyant lui recommander une si belle fille. Je lui dis de notre aventure ce qu'il était indispensable qu'elle sût. Je fis même un léger mensonge, qui ne me nuira pas, j'espère, au jour du jugement dernier, et j'alléguai une parenté lointaine. Elle feignit d'en être dupe et reçut fort bien Lucy qui était une habile ouvrière.

Cette espèce de protection me donnait quelques droits sur elle; mais je n'eus jamais la pensée d'en abuser. Tous les soirs elle me recevait dans sa chambre (car elle demeurait à quelque distance du magasin où elle travaillait), nous faisions ensemble de la musique, j'apprenais l'anglais et conjuguais tous les verbes sur le modèle du verbe *to love*, aimer. J'étais heureux, et elle aussi. Hélas! pourquoi ce bonheur n'a-t-il pas toujours duré? Aimer et être aimé! Ce paradis dont on nous berce a-t-il d'autres félicités?

— Et quelle autre pourrait-il avoir? dit Karl qui songeait à Wilhelmine.

Ravinet reprit :

— Une harmonie parfaite de goûts, d'idées, de sentiments, nous rendait insupportable toute autre société que la nôtre. Elle me lisait les poëtes de son pays; je lui faisais comprendre les nôtres, ou plutôt nos prosateurs, car vous savez que, sauf deux ou trois brillantes exceptions qui ont paru dans ce siècle, la France n'a jamais eu de poëtes. Le vieux génie gaulois, trop tôt dénaturé par l'étude des Grecs et surtout des Latins, n'a jamais connu qu'une poésie artificielle, roide, guindée, rimée, pleine de bon sens, hélas! et de mesure comme tout ce qui sort de la plume des Welches; mais le bon sens et l'esprit suffisent-ils à l'imagination? Il faut avoir le diable au corps, et nos poëtes ne l'ont pas. Lamartine même, malgré tous ses efforts, a du bon sens, et Victor Hugo a déployé un génie immense sans parvenir à être tout à fait absurde. Nos poëtes sont comme les cerfs-volants dans la main des enfants. Ils ont le fil à la patte. Ce fil, c'est le triste bon sens. Jamais une tête française n'aurait atteint cette splendeur de baroque qui brille dans le second Faust.

— Oh ! dit Karl, indigné. Ne respecterez-vous pas le grand Wolfgang?

— Puisque vous le voulez, dit Ravinet en souriant, je ne porterai pas la main sur l'arche sainte. Je reviens à mon histoire. Il y avait trois mois que nous menions cette vie tranquille et heureuse, lorsqu'un soir Lucy me reçut avec un visage fort triste. Elle me dit qu'elle avait reçu des nouvelles d'Angleterre, que ses parents, prévenus contre elle par les calomnies du gros lord, lui avaient écrit une lettre pleine de tristesse et d'amertume, qu'elle ne voulait pas les affliger plus longtemps, et qu'elle me priait de ne plus la voir qu'à de longs intervalles. Je priai, je suppliai, je voulus obtenir quelques adoucissements, je lui jurai que je l'aimerais toujours, et enfin je lui demandai de l'épouser. Cette demande n'avait rien d'extraordinaire, car dès longtemps j'avais juré de n'avoir jamais d'autre femme qu'elle. L'usage en Angleterre accorde, comme vous savez, une liberté presque absolue aux jeunes filles, et chacune d'elles peut en user à ses risques et périls. Ses parents n'étaient donc pas surpris qu'elle vécût si familièrement avec moi ; ils croyaient même, vu les calomnies grossières du gros lord, nos affaires bien plus avancées qu'elles ne l'étaient réellement, mais ils se plaignaient surtout que cet amour si passionné n'eût pas pour fin le mariage. Ils ne se doutaient guère de l'obstacle. Connaissez-vous le Code Napoléon ?

— Oui, de réputation, dit Karl.

— C'est l'expression la plus parfaite des idées et des opinions communes de la société française. Tout y est convenable, décent, propre, brossé, ciré, luisant. A la seule lecture de ce Code, les habitants de la lune devineraient qu'il est l'ouvrage de la plus belle et de la plus puissante collection d'épiciers qui ait jamais habité cette planète.

— Mais en quoi, dit Karl, le Code nuisit-il à vos amours ?

— Fort naturellement, reprit Ravinet. Mon père, à qui j'avais confié mes projets, me refusa nettement son consentement. De père en fils, m'écrivait-il, nous sommes médecins à Poitiers; mon père y gagna beaucoup d'argent; j'en ai gagné encore davantage, tu auras un jour vingt mille livres de rente. Je ne veux pas que tu te mésallies et que tu épouses la première institutrice venue d'Angleterre ou d'Irlande, une coureuse peut-être. Qu'elle soit ta maîtresse, je le veux bien; mais ta femme, non. Je m'y oppose formellement.

Je persistai. Il me coupa les vivres. Lucy, en apprenant le succès de mes démarches, se mit à rire, ne comprenant pas qu'on pût intervenir dans nos affaires. Est-ce ton père que j'épouserai? me dit-elle. Bientôt cependant elle devint triste, et je sentais mon bonheur s'enfuir à tire-d'aile. Je pris un parti héroïque. Un dimanche, comme elle était libre, je l'amenai à Saint-Germain. Quand nous fûmes au milieu de la forêt, je lui jurai pour la millième fois un amour éternel, et je la priai de se fier à mon honneur. Je ne sais si je fus éloquent. La soirée était magnifique. C'était un beau jour de printemps. Un vent doux et frais courait dans les feuilles des arbres et nous apportait le parfum de l'herbe nouvelle. Nous nous assîmes sur le gazon. Elle m'écouta longtemps sans rien dire, et enfin jeta ses bras autour de mon cou : « Fais de moi ce que tu voudras, dit elle. Nous sommes, dès aujourd'hui, l'un à l'autre pour toujours. » Notre ivresse était réciproque. Le soir même, elle vint s'établir dans ma mansarde, et notre mariage fut célébré sans prêtre, sans maire et sans notaire, à la façon antique des premiers hommes. En même temps commencèrent notre bonheur et nos misères. Depuis trois mois, mon père, suivant l'usage invariable des pères qui veulent ramener leurs enfants à l'obéissance, ne voulait plus m'envoyer d'argent. Il déguisait, sous une apparence d'indignation paternelle, le désir vulgaire de faire des économies. Tous les pères économisent et forcent leurs enfants de recourir à l'usurier. C'est l'histoire éternelle de Cléante et d'Harpagon.

— Et comment avez-vous vécu ?

— Je ne sais. La Providence vient quelquefois au secours de celui qui ne s'abandonne pas lui-même. Le travail de Lucy suffisait strictement à ses besoins. Quant à moi, je vendis ma montre d'abord, puis le meilleur de mes deux pantalons, puis mon habit noir et mon gilet. Bientôt, n'ayant plus qu'un pantalon déchiré et un paletot usé, je ne savais plus à quel saint me vouer lorsque Dupuytren s'aperçut de ma misère. Il était fort dur, ayant lui-même beaucoup souffert avant d'arriver à la réputation et à la fortune; mais il était sujet à des accès de générosité princière. Un jour, après s'être informé de moi, il me prit à part et me dit :

« Pourquoi n'avez-vous pas recours à moi? Je sais tout. Vous êtes un niais. Vous avez une maîtresse qu'on dit fort belle et fort intéressante. Vous mourez de faim et elle aussi. Je ne vous blâme pas de ne pas céder à votre père; en pareil cas chacun prend conseil de lui-même. Ce serait une lâcheté de céder au besoin ce que vous avez refusé à la persuasion; mais souvenez-vous bien qu'un homme qui s'attache à une femme pour la vie est un homme enterré. Vous pouviez prendre mon héritage et celui de Bichat. Vous végéterez toujours. S'il vous faut des femmes, que n'allez-vous prendre celles qui sont au coin des rues?

Je fis un geste de dégoût.

— Bon! soyez fidèle à votre Ariane, mon bel Amadis. Un jour, quand vous aurez trente ans, vous verrez ce qu'il en coûte. Au reste, la sottise est faite et irréparable. Gardez votre Anglaise, si cela vous plaît; mais il faut vivre. Quelles sont vos ressources?

Je gardai le silence.

— Pauvre comme Job? Je m'en doutais, reprit-il. J'ai songé à vous. Je vous ai fait nommer préparateur au Muséum, avec deux mille francs d'appointements.

Je voulus le remercier.

— C'est bon, c'est bon, dit-il en grognant, ne me remerciez pas. Je devrais vous laisser mourir de faim. Vous l'avez mérité. J'ai pitié de votre imprudence. Vous pouviez donner la main à Geoffroy Saint-Hilaire et à Humboldt, vous avez préféré coucher avec une grisette. Allez, et grand bien vous fasse !

— Voilà un discours peu encourageant, dit Karl.

— Pendant un an, continua Ravinet, je fus le plus heureux des hommes. Lucy et moi ne faisions qu'un cœur et qu'une âme. J'avais trouvé le bonheur suprême; hors de mes occupations au Muséum, je ne pensais plus à rien qu'à ma maîtresse. Elle accoucha d'une petite fille qu'il fallut nourrir, élever, amuser, garder le jour et la nuit. Vous ne connaissez pas tous les détails et toutes les minuties d'une nourricerie anglaise. C'est à faire fuir au bout du monde l'homme le plus patient. J'usais à ce travail ingrat toute ma patience et toute mon intelligence. Un sourire de la mère, une caresse de l'enfant pendue à mon cou me payaient toutes mes fatigues. Malheureusement la politique troubla mon bonheur. Depuis longtemps je faisais partie des sociétés secrètes. Je faillis me faire tuer sur les barricades de Saint-Merry; le hasard fit que j'échappai au carnage. Je me jetai avec quatre ou cinq insurgés sur l'infanterie qui nous entourait. Nous nous fîmes jour à la baïonnette. La surprise et, je pense aussi, quelque sympathie secrète de la part des soldats et de quelques gardes nationaux aidant, nous échappâmes à toutes les recherches. L'avantage des guerres civiles est qu'aussitôt qu'on a lavé sa figure et ses mains pour faire disparaître l'empreinte de la poudre, qu'on a changé d'habit et pris des gants frais, rien ne dénonce la part qu'on a prise au combat. Quelques jours après, je passai en Angleterre avec Lucy et notre petite fille. A peine arrivée, elle mourut à Londres du choléra. L'enfant la suivit de près au tombeau, et je restai seul sur la terre.

— Vous n'avez pas essayé de revoir votre père ?

— J'allai le voir à mon retour en France. Il me reçut froidement et ne m'engagea pas à revenir. Le bonhomme, semblable au voleur d'avoine qui croit qu'on lui parle toujours de son avoine, crut que ma visite n'avait qu'un but intéressé. Il s'était remarié dans l'intervalle avec sa servante, et vivait à la campagne. Je vis que je déplaisais fort à ma belle-mère, et je les laissai l'un à l'autre. Quelques années après, mon père est mort ayant vendu ses biens dont le prix restait à sa femme. Je ne daignai pas lui en disputer la possession. Depuis j'ai repris mes études médicales et amassé une fortune assez belle, que je consacre tout entière aux progrès de la science et de la révolution. Je voyage dans toute l'Europe. J'ai pour amis les plus célèbres agitateurs de ce temps-ci, et je conspire en amateur, moins pour la France et pour moi que pour le reste de l'Europe. Grâce à la science et aux conspirations, je ne m'ennuie pas et je vis fort paisiblement.

— Et vous n'avez jamais aimé d'autre femme? dit Karl.

— Mon cher ami, dit Ravinet en souriant, Lucy m'a rendu un second choix trop difficile. Les femmes sont des êtres fort jolis, fort intelligents, fort gais, fort amusants, mais surtout fort absorbants. La plus douce et la plus aimable de toutes ne vous pardonnera jamais si vous manquez un seul jour de satisfaire le moindre de ses caprices.

— N'y a-t-il pas d'exception, dit Karl, et ne ferez-vous grâce à personne?

— Toute règle a ses exceptions, dit Ravinet; celle-ci comme les autres. Dieu est partout, voilà la règle générale; le diable est aussi dans quelques coins, voilà l'exception. Les Anglais sont gourmés et ennuyeux, voilà la règle; cependant j'ai pour ami un habitant de l'île de Portland qui est le plus doux, le plus modeste et le plus aimable garçon que je connaisse, voilà l'exception. Il se peut qu'en quelque coin de l'univers, que nous ignorons, vous et moi, se cache une perle de beauté, de bonté, de grâce et d'esprit; dans ce cas, mon ami, prenez la poste et courez lui offrir votre cœur.

— Sans aller bien loin, dit Karl en rougissant, on pourrait trouver peut-être cette perle dont vous parlez. Lucy était-elle plus belle ou meilleure que la sœur de notre ami Marcus ?

— Oh ! oh ! dit Ravinet, le vent souffle-t-il de ce côté ? La belle Wilhelmine, mon ami, est un morceau de roi; heureux celui qui l'aime; plus heureux celui qu'elle aimera ! Mais, avec toute sa grâce et le caractère le plus dévoué et le plus noble que je connaisse, je m'en défierais toujours.

— Pourquoi?

— Elle est femme, c'est-à-dire changeante. Je l'aime, je l'estime, je l'admire quelquefois, mais je m'en défie toujours. Libre à vous de l'adorer si cela vous plaît, et de vous moquer d'un vieux garçon comme moi. Je m'en tiens au vieux proverbe : « Il n'est pas de femme qui ne fasse deux fois en vingt-quatre heures maudire à son mari le jour où il l'a épousée. »

Il n'est pas nécessaire de dire que l'historien de

Karl n'entend nullement être responsable des opinions de ses personnages, et encore moins des paroles irrévérencieuses du docteur Ravinet. Les plus honnêtes gens et les plus éclairés sont sujets à d'étranges lubies, et il est probable que l'antipathie du docteur pour le beau sexe était une de ces lubies. L'historien raconte avec impartialité et redoute par-dessus tout l'accusation de professer les doctrines malséantes en religion, en morale ou en politique, qu'il a plu à ses personnages de professer ou de pratiquer.

Le soleil levant trouva le médecin et Karl encore debout. Ravinet alla voir son ami Brandt qui avait fort bien dormi sous la garde de sa sœur et du vieux Sombrefer. Le blessé avait perdu beaucoup de sang, mais il souffraît peu et s'occupait déjà avec sa sœur et son grand-père de prévenir les conséquences fâcheuses que pouvait avoir l'aventure de la nuit. On convint, dans un conseil où Karl et le Français furent admis, que le vieux Sombrefer irait se plaindre au directeur de la police de Bade de l'attaque du comte de Schauenstein, et que Ravinet l'accompagnerait seul. Karl devait attendre à Dietz le retour de ses amis et la guérison de Marcus.

Quelques heures après, les deux voyageurs entraient chez le directeur de la police, à Heidelberg. Ils furent reçus par un fort bel homme, dont le nez était orné de lunettes d'or. Son uniforme était galonné d'or et couvert de décorations de tous les pays. Tous les princes allemands et le czar de toutes les Russies l'avaient honoré de marques de faveur. C'était un ancien colonel de dragons qu'on avait fait depuis colonel de gendarmerie, puis directeur de la police. Il était gros comme un muid, grand comme une cathédrale, grave comme un ministre de l'instruction publique, et mentait à chaque parole. C'est la manière des Allemands qui veulent être fins. Il avait fait ses premières armes sous Napoléon, à Wagram, et ses dernières contre Napoléon, à Leipzig. Tant qu'il fut dragon, il ne connut que son sabre, son cheval et sa solde; au reste, prêt à se battre contre les Français, les Prussiens, les Autrichiens, les Russes ou les Badois ses compatriotes, avec la même indifférence. Il savait le prix de toutes les pensions d'officiers de l'Europe, pour avoir couru le monde à la suite de Napoléon. Quand il fut gendarme, il arrêta les gens avec plaisir. Gêner la liberté des autres, n'est-ce pas augmenter la sienne? Sa conversation participait du soldat et du gendarme; on y retrouvait la grâce exquise et la variété d'idées qui distinguent ces deux importants personnages. Les physiologistes ont remarqué qu'involontairement dans la conversation nos préoccupations habituelles se trahissent par certains mots qui nous sont familiers. M. le directeur de la police, baron de Goldsberg, ne disait pas trois paroles sans y mêler les mots *argent, passe-port, signalement.* Il était pénétré de l'importance de ses fonctions. « C'est un sacerdoce que j'exerce, » disait-il souvent. Dieu nous préserve des gens qui croient exercer des fonctions consacrées! La désobéissance devient bientôt sacrilége, et Dieu sait de quels effroyables châtiments une âme dévote peut se croire obligée de punir ceux qui ont en sa personne offensé la justice divine! Pour tout dire en un mot, M. le baron de Goldsberg était fort aimé de son souverain et cordialement exécré du peuple badois.

Après que Sombrefer et Ravinet eurent attendu dans l'antichambre de M. le directeur un nombre d'heures convenable et proportionné à l'idée que ce haut personnage se faisait de ses fonctions, ils furent enfin introduits. Le baron était debout, adossé à la cheminée, et parlait d'une voix tonnante qu'il cherchait à rendre brève et impérieuse comme celle du grand Napoléon. Il tenait en main sa cravache et s'amusait des jeux d'un grand chien écossais de la race des *pointers*.

— A bas! Black! dit-il en voyant entrer les deux plaignants. Et vous, que voulez-vous? ajouta-t-il en se tournant vers eux. Parlez vite. J'ai affaire.

Cette affaire si pressante était de monter à cheval et d'aller se promener. Sombrefer lui raconta le combat de la nuit précédente, et demanda justice contre le colonel prussien. Pendant qu'il parlait, Goldsberg fronça le sourcil plusieurs fois.

— Mon brave homme, dit-il enfin, ce que vous dites n'est guère vraisemblable. Une attaque à main armée, en pleine paix, contre votre maison, cela n'est pas possible, cela n'est pas vrai. M. le comte de Schauenstein, que j'ai l'honneur de connaître, n'est pas un malfaiteur. C'est un fort brave colonel, fort aimable, fort aimé des dames, et qui se sera permis cette espièglerie de concert avec mademoiselle Wilhelmine.

Sombrefer rougit de colère.

— Monsieur le baron, dit-il, vous insultez un vieillard dans ce qu'il a de plus cher au monde, l'honneur de sa petite-fille. Wilhelmine ne connaît pas cet homme, elle ne l'a même jamais vu.

— Allons, allons, ne vous fâchez pas, mon brave

homme ; le guerrier a ravi de tout temps l'amour des belles, et fut toujours cher à Vénus. Vous n'êtes plus jeune, vous avez oublié tout cela. Savez-vous, après tout, que M. le comte de Schauenstein est allié à toutes les maisons régnantes d'Allemagne, et que l'honneur de lui appartenir, même de la main gauche, serait envié par beaucoup de bourgeoises?

— Monsieur le baron, dit alors Ravinet, est-ce la réponse que vous faites à nos plaintes?

— Monsieur, dit insolemment le baron, je n'aime pas les questions. Sortez d'ici sur-le-champ, si vous ne voulez que je vous envoie passer quelques années dans un cul de basse-fosse.

— Son Excellence ignore apparemment, reprit le médecin d'un ton calme, qu'elle parle à un Français, et qu'il ne faudrait pas vingt-quatre heures au chargé d'affaires de France pour obtenir la destitution de Son Excellence, si Son Excellence, ce qu'à Dieu ne plaise, s'avisait de me faire mettre en prison.

— Messieurs, dit Goldsberg, asseyez-vous, je vous prie, et expliquez-moi votre affaire.

Sombrefer et Ravinet se regardèrent en souriant. Le vieillard recommença son récit, avec les mêmes détails et presque dans les mêmes termes.

Le directeur écoutait avec une attention polie.

— Monsieur, dit-il, quand Sombrefer eut fini de parler, je vais prendre note de cette affaire, qui est beaucoup plus grave que je n'avais pensé d'abord. Je vais mettre en campagne mes plus fins limiers, et soyez certains qu'avant la fin du jour vous aurez justice.

Il écrivit quelques mots et frappa sur un timbre. Un gendarme entra et sortit aussitôt, emportant un billet dont Sombrefer et Ravinet ne purent voir l'adresse. Machinalement, le baron feuilletait son registre.

— Comment vous appelez-vous? dit-il au vieillard.

— Sombrefer, monsieur le baron.

— Sombrefer... hum! hum!... Voilà un singulier nom pour un Allemand.

— Mon bisaïeul était un des protestants qui sortirent de France après la révocation de l'édit de Nantes.

— Ah! ah! Et il continua de feuilleter son registre. Tout à coup il prit dans son bureau un dossier qui parut fort chargé aux deux amis, le consulta avec soin, le lut, le relut, et parut réfléchir quelque temps.

— Monsieur Sombrefer, dit-il, vous avez été

professeur de philosophie à Mayence, en 1792?

— Oui, Excellence.

— Vous avez proclamé la république et porté les armes dans les rangs de l'armée française?

— Oui, Excellence.

— Depuis, vous avez cherché un asile en Suisse, et, revenu après 1813 en Allemagne, vous n'avez profité de la clémence de votre souverain légitime que pour conspirer sans cesse contre son autorité?

— Oui, Excellence.

— Vous avez été condamné à mort cinq fois, et vous vous êtes échappé chaque fois des prisons avant l'exécution de l'arrêt?

— Comme vous voyez, Excellence.

Et le vieux Sombrefer regarda le baron en souriant.

— Par Castor et Pollux! nos affaires vont mal, pensa Ravinet.

— Monsieur, dit le baron avec une gravité sévère, celui qui a violé toute sa vie les lois de son pays ne doit point compter sur leur protection au jour du danger. Si l'on vous attaque, défendez-vous; je ne vous en empêche pas...

— Je remercie votre Excellence d'une si grande bonté, dit Sombrefer, elle pouvait me faire pendre avec autant de justice. Elle veut bien se contenter de me désigner comme une proie facile à tous les gens de sac et de corde que peut contenir le grand-duché. C'est une indulgence dont je lui tiendrai compte quelque jour.

— Est-ce une menace? dit le baron d'un ton irrité.

— Son Excellence, dit le vieillard avec un respect ironique, est trop sage pour supposer qu'un vieillard sans armes et sans appui veuille menacer monsieur le directeur de la police.

Il salua et s'avança vers la porte.

— Et vous, monsieur, qui me menacez d'une destitution, dit le baron à Ravinet, voudrez-vous me dire aussi votre nom? Je pense qu'il est digne de figurer à côté de Sombrefer.

— Votre Excellence ne se trompe pas, répondit le Français; mais les lois de mon pays ne permettent pas de condamner un homme à mort avec la même facilité qu'en Allemagne. Je suis le docteur Ravinet.

— L'insurgé de Saint-Merry?

— Lui-même, monsieur le baron.

— Celui qui a fui pour échapper au sort de ses complices?

— Oui, monsieur le baron, qui a fui les armes à la main au travers de deux bataillons d'infanterie.

— Et qui a été amnistié depuis par la clémence du roi Louis-Philippe?

— En vérité, monsieur le baron, il est impossible de mieux connaître l'histoire contemporaine.

— Monsieur, dit Goldsberg, je n'ai aucun droit sur votre personne...

— C'est fort heureux, à voir la manière dont vous agissez avec vos compatriotes.

— Mais je vais vous envoyer sur-le-champ aux frontières comme troublant la tranquillité publique.

Et il prit une feuille de papier et une plume.

— Votre Excellence est dans son droit, dit Ravinet, mais je la prie d'avoir égard aux conséquences de ses actes. Je suis un étranger paisible; je voyage en Allemagne sous la foi des traités. Je ne conspire pas, je n'écris pas dans les journaux, je ne trouble personne. J'habite depuis quelque temps Heidelberg; hier, le hasard m'a fourni l'occasion de rendre un grand service à mes amis, je ne pense pas qu'on puisse m'accuser d'avoir troublé la paix publique. Si l'on me force de retourner en France, j'obéirai, mais j'écrirai dans les journaux l'histoire de tout ce que j'ai vu à Bade. Dans quelques jours l'Europe entière saura de quelle manière monsieur le directeur de la police remplit ses fonctions, et je doute que son Altesse se soucie de garder longtemps un fonctionnaire qui compromet au service de passions particulières l'autorité qui lui est confiée.

Goldsberg pâlit. Les gens de cette espèce redoutent par-dessus toute chose la publicité. Cependant il fit bonne contenance :

— Mon cher docteur, dit-il en feignant de rire, votre argumentation pèche par la base, comme disent les plumitifs. Pensez-vous que le roi des Français ou son ministre se soucient beaucoup des réclamations d'un conspirateur amnistié? Les journaux de l'opposition feront du bruit, c'est leur métier; mais qui s'en souciera? M. Thiers profitera de votre aventure pour agacer les nerfs de M. Guizot; mais, au fond, ce sont deux augures qui savent fort bien la portée réelle de leurs paroles. Cinquante personnes qui forment à Paris l'opinion publique en causeront pendant trois jours, et tout s'éteindra dans l'oubli; croyez-moi, ne nous brouillons pas. Restez à Heidelberg si cela vous convient, mais ne vous mêlez pas des affaires du pays ou vous pourriez vous en repentir. D'ailleurs de quoi se plaint monsieur Sombrefer? on vous a attaqués, mais vous vous êtes bien défendus. Vous avez tué trois hommes, de la vie desquels on pourrait vous demander compte. Je n'en ferai rien, par égard pour vous. Imitez ma réserve, pansez vos blessés, et ne cherchez pas querelle à mon administration. Il pourrait vous arriver quelque chose de pire qu'une blessure insignifiante à l'épaule et un coup de sabre dans la poitrine.

En même temps, d'un geste protecteur et presque bienveillant il congédia Sombrefer et Ravinet. En traversant le corridor obscur qui menait au cabinet du baron, le médecin se heurta contre un homme qui marchait en sens inverse, et qui s'était, en le voyant, collé au mur. Malgré cette précaution et son chapeau baissé sur ses yeux, Ravinet reconnut notre ami Bauer, qu'il avait déjà vu la nuit précédente durant le combat.

— Nous arrivons à temps, dit-il à Sombrefer. Voici l'œuvre souterraine de Schauenstein qui commence.

Tous deux partirent aussitôt pour Dietz. Ils avaient hâte de retrouver leur ami blessé, Wilhelmine et Karl. A peine étaient-ils sortis du cabinet de M. le baron de Goldsberg que Bauer y entra.

— Eh bien, j'en apprends de belles, dit le baron. Vous prêtez les mains à un enlèvement à main armée. Vous vous faites le complice de cet écervelé Schauenstein. Savez-vous, Bauer, que c'est un jeu à vous faire pendre? Les grands seigneurs sautent à pieds joints par-dessus la loi, mais les petites gens se font prendre dans ses filets.

— Monseigneur, dit humblement Bauer, voudra bien me pardonner quand il saura que je suis sur la trace d'une conspiration...

— D'une conspiration! s'écria le baron qui releva la tête comme un cheval de bataille au son de la trompette; ne te trompes-tu pas, ami Bauer? Aurons-nous la joie d'une belle et bonne conspiration? Hélas! nous avons pris si souvent des propos d'étudiants ivres de bière pour des conspirations véritables! Prends garde, annoncer une conspiration et ne trouver au bout du compte qu'une plaisanterie d'ivrogne, c'est prêter à rire, c'est dégrader la sainteté du sacerdoce que j'exerce.

— Monseigneur pourra se convaincre avant peu de la vérité de mes paroles.

Ici Bauer raconta le secret de la conversation de Brandt, de Karl et de Ravinet qu'il avait écoutée la veille. Le baron était dans la joie. Les gens de police aiment les conspirateurs comme les chats aiment les rats. Quelle occasion magnifique de montrer son zèle, son courage, sa finesse, son dévouement à son souverain, à tous les souverains, à la grande cause de l'ordre en Europe. Goldsberg rêvait déjà aux cordons qu'il allait recevoir, aux places, aux gratifications, à la célébrité qu'il allait acquérir, et au plaisir de prendre en flagrant délit et de faire pendre quelques étudiants.

— La journée s'annonce bien, dit-il à Bauer quand celui-ci eut fini son rapport. Une conspiration! Dieu du ciel! depuis dix ans, je n'avais pas eu pareille occasion de me distinguer. Tiens, mon ami, voilà dix florins pour récompenser ton zèle; et sois sûr que si j'ai le bonheur de faire pendre quelqu'un, tu monteras en grade.

Sur ce mot, ces deux honnêtes gens se séparèrent.

VI

Des conversations métaphysiques et de leur inévitable effet.

Un vagabond de mes amis, qui a vu le Kentucky et l'Ohio, me disait qu'un jour, en chemin de fer, pendant que le convoi courait au travers d'interminables et magnifiques forêts, entre Pittsburgh et Columbus, il s'avisa de lire un petit livre qu'on venait de lui vendre et qui ressemblait assez à un almanach. Ce livre, dont l'auteur se dit fort expert en matière d'amour, traite de la meilleure manière de se présenter en société, de faire sa cour aux dames, d'en être agréé, et de jouir en paix des plaisirs d'un amour partagé. Les Américains, économes de leur temps, ont bien vite reconnu qu'il est aussi utile et aussi facile d'apprendre à faire l'amour que d'apprendre à assaisonner la salade, ou à raboter des planches, ou à labourer, ou à monter à cheval. La vie est si courte que si l'on n'abrégeait pas tous les préliminaires, il ne resterait plus de place pour les choses essentielles, telles que la construction des chemins de fer, des usines, le défrichement des forêts, et l'extraction des dents. Au moyen de ce petit manuel dont l'auteur s'appelle Smith, ou Powell, ou Henderson, ou ce qu'il vous plaira (et je regrette bien de ne pas pouvoir dire son nom avec précision, car un tel homme mérite assurément des statues et les obtiendra de la postérité reconnaissante), le premier venu pourra en quelques heures faire auprès de la plus vertueuse et de la plus charmante fille du monde tout le chemin qu'Amadis ne fit qu'en trente ans auprès de sa belle princesse. Ce livre manquait au pauvre Karl, qui se trouva fort embarrassé lorsque le départ du vieux Sombrefer et de Ravinet, et la fatigue de Brandt l'eurent réduit à demeurer tête à tête avec la belle Wilhelmine.

C'est une plaisante figure que celle d'un homme qui aime véritablement, et pour la première fois. Karl eût donné dix ans de sa vie pour obtenir ce bienheureux tête-à-tête, et six mois peut-être pour n'être pas contraint de rompre le silence. Marcus s'était fait porter au jardin et respirait à pleins poumons dans un grand fauteuil le parfum des tilleuls, la tête à l'ombre et les pieds au soleil. « Laisse-moi dormir ici, dit-il à sa sœur, et montre ton jardin à Karl. »

Tout le monde connaît l'heureux début du bon gendarme : *Le temps est beau pour la saison*. Après cinq minutes de réflexion, Karl, n'en trouvant pas de meilleur, se contenta de celui-là. Wilhelmine sourit.

— Oui, répondit-elle, et l'on jouit mieux du soleil et des beautés de la nature quand on vient d'échapper à un danger aussi grand que celui que nous avons couru la nuit dernière. Quel effroyable événement ! Mon grand-père et mon frère morts, et moi aux mains de ce bandit !... Ah ! que de remerciements nous vous devons tous pour le courage et la générosité que vous avez montrés !

— Mademoiselle, dit Karl avec émotion, je n'ai fait que mon devoir, et tout homme d'honneur eût montré le même dévouement. J'étais trop l'ami de Marcus pour l'abandonner au moment du danger.

Il n'osait pas dire, mais il le pensait déjà : Je vous aimais trop pour ne pas verser mon sang pour vous avec bonheur.

— Bon Marcus! dit Wilhelmine. Il vous avait bien jugé.

— Est-ce qu'il vous a parlé de moi quelquefois? dit Karl avec une chaleur qui fit rire la jeune fille.

— Oui, quelquefois. Il m'a dit que vous étiez fort savant, et fort occupé de théologie.

— Maigre éloge, dit Karl. Un théologien et un savant ressemblent fort à un pédant.

— Oh! il m'a dit aussi que vous étiez un fort honnête homme, économe, *rangé*, soigneux...

— Décidément, Marcus ne m'a point flatté. Ces qualités sont celles d'une bonne femme de ménage. N'a-t-il rien dit de plus?

— Je ne me souviens de rien.

— Quoi! n'a-t-il pas dit que j'étais fidèle à mes amis jusqu'à la mort, que j'aimais la vérité et la justice, que je donnerais ma vie pour la patrie et pour la liberté?

— En vérité, dit Wilhelmine, il a dû le dire, et en vous voyant je le crois, mais je ne me souvenais pas de l'avoir entendu.

La vérité est que Brandt avait parlé à sa sœur de cela et de beaucoup d'autres choses, et qu'un instinct secret la poussait à garder le secret des confidences de son frère.

— Ce n'est pas ainsi, dit le pauvre Karl, que je parlerais de lui en son absence; Marcus est un faux ami. S'il avait pour moi l'amitié que j'ai pour lui...

— Ne dites pas de mal de mon frère, interrompit Wilhelmine avec chaleur. Marcus est le plus noble et le plus intrépide des hommes. Il est le seul que j'aie vu sans faiblesse. S'il vit, l'Allemagne sera fière de lui comme de l'un de ses plus illustres enfants. Il a l'audace d'un soldat et le dévouement d'un martyr.

Ses beaux yeux bleus étincelaient d'orgueil. Karl s'en aperçut et craignit d'avoir offensé la belle jeune fille. Il voulut réparer sa faute.

— Qu'il est heureux! dit-il; tout blessé qu'il est, couché sur un fauteuil, et fatigué par la perte de son sang, j'envie son sort.

— Pourquoi?

— Parce qu'il a une garde-malade telle que vous.

Wilhelmine s'arrêta, et regarda fixement Karl qui rougit.

J'ai lu quelque part qu'il est des occasions où un homme ne peut éviter d'être bête, et qu'heureux alors est celui qui peut être bête en silence. Le pauvre Karl aurait bien voulu garder le silence, mais il ne savait comment s'y prendre. Il savait à fond toutes les règles de la rhétorique et de la dialectique. Il pouvait improviser sur le premier sujet venu un discours en quatre points, et ne se fût laissé intimider ni par un roi, ni par une assemblée populaire; mais il ignorait le grand art de parler aux femmes. Autant il faut de clarté, de précision, de force pour parler aux hommes, autant il faut de souplesse, de grâce, de sous-entendus pour faire comprendre à une femme ce mot qu'elle entend avant qu'on l'ait prononcé, et dont la musique est si douce à toutes les oreilles humaines : Je vous aime. Que sert en ces rencontres d'avoir analysé Aristote et Leibnitz, d'avoir déchiffré Hegel et disserté avec Platon sur la nature de l'amour?

Le bon Karl avait lu tout ce que les grands esprits de tous les temps ont dit sur ces matières dont on parlera éternellement; il savait tout ce qu'on peut apprendre dans les livres, mais ses théories n'étant appuyées d'aucune pratique, il se trouvait dans la même position qu'un enfant qui démonte sa montre pièce à pièce et qui ne peut pas la remonter. Est-ce que l'amour est ennemi de la science? Point du tout, mais la science est ennemie de l'amour. Tout le monde connaît l'admirable invention du docteur Auzoux, qui dissèque les hommes, les femmes, les hannetons, les chevaux, les chenilles, qui les refait en carton-pâte, qui numérote leurs os, leurs muscles, leurs nerfs, qui les remet en place, qui ôte seulement la peau comme s'il levait un voile et explique aux spectateurs la nature dans tous ses détails. En vérité, il manque peu de chose à son œuvre, un rien, un souffle; mais ce rien, c'est la vie. C'est la seule chose qui distingue Auzoux du Père éternel. C'est une fissure presque imperceptible, mais dont l'œil ne peut apercevoir le fond. Karl avait disséqué l'amour à peu près de la même manière. Il croyait en connaître les muscles, les nerfs, les os, les membres, la tête et le tronc; il en avait d'avance ajusté toutes les parties dans son esprit; mais quand le moment fut venu de le faire marcher et vivre, il s'aperçut que cet amour de sa création n'était qu'une mécanique en carton-pâte comme celles du docteur Auzoux. Au premier mot qu'il voulut dire, il sentit son cerveau se glacer, sa langue s'embarrasser, et, j'ai regret de le dire, ce profond philosophe s'arrêta court au milieu d'une niaiserie comme un navire en mer au milieu des glaces.

Wilhelmine s'en aperçut bien vite, et n'eut pas de peine à deviner le motif de l'embarras du philosophe. Toute femme, en pareil cas, a l'esprit pénétrant. Ce serait aller un peu loin que de dire qu'elle partageait l'émotion de Karl, mais on peut assurer qu'elle la vit avec plaisir. Notre héros ne se présentait pas à la façon du premier venu que de sages parents, désireux de se débarrasser d'une fille majeure, acceptent avec empressement pour gendre sur la nouvelle qu'il est riche, c'est-à-dire qu'il pourra donner de belles robes à sa femme, et une calèche pour que ces robes ne traînent pas dans la boue des ruisseaux; qu'il a une belle place, c'est-à-dire que sa femme sera bien reçue chez toutes les autorités du pays; qu'il n'a point de passions violentes, si ce n'est celle de l'argent; qu'il n'aime ni les voyages, ni la musique, ni la peinture, ni la sculpture, ce qui indiquerait une certaine chaleur d'imagination, toujours nuisible à la tranquillité du ménage; qu'il ne s'est occupé d'aucune science inutile ou dangereuse, comme l'histoire ou la philosophie; que son habit, enfin, est bien brossé, sa cravate nouée avec soin, son chapeau en parfait équilibre sur le sommet de la tête; car ce sont là, comme on sait, les conditions nécessaires et constitutives du bonheur bourgeois. Non, la figure de Karl était fine et énergique, un peu irrégulière, mais pleine de franchise et de courage. Je dois avouer qu'il avait des distractions fréquentes, des cheveux en désordre, une cravate nouée au hasard, un chapeau qui descendait tour à tour sur les yeux ou qui se penchait en arrière sans qu'il prît soin de le remettre à sa place; sa tenue n'était pas celle d'un gentleman, mais elle n'avait rien de négligé ou de désagréable pour les yeux d'une femme délicate. Wilhelmine se réjouit secrètement qu'il fût l'ami de son frère, et qu'il eût contribué à lui rendre un grand service. On voudrait devoir tout à ceux qu'on aime, et, sans se l'avouer, elle l'aimait déjà. Dès le premiér moment elle avait lu dans les yeux de Karl, et la certitude d'être aimée elle-même l'avait rendue plus hardie à s'abandonner à ce sentiment si nouveau et si doux. Karl avait voulu se faire tuer pour elle, donc il était brave; il conspirait avec Marcus, il était jeune, il était beau, il était bon, il avait tout l'esprit que peut avoir un Allemand : pouvait-elle aimer quelqu'un qui fût plus digne d'elle et plus agréable à son frère et à son grand-père? Wilhelmine l'aimait donc, et le pauvre Karl aurait été bien heureux s'il avait pu lire dans son cœur; mais elle était fille d'Ève, c'est-à-dire malicieuse, et elle voulait lui faire acheter son bonheur par un léger martyre. Elle savait que le bien le plus précieux est celui qu'on obtient après beaucoup de fatigues et d'inquiétudes; aussi s'amusait-elle un peu du silence troublé du jeune théologien. Karl, inquiet d'avoir hasardé quelque chose qui ressemblait de loin à un compliment, ne savait à quel saint se vouer. Il regrettait d'avoir parlé, il se trouvait ridicule, il perdait toute présence d'esprit. Enfin Wilhelmine eut compassion de l'embarras où elle le voyait.

— Je suis donc une garde-malade bien habile? dit-elle en souriant.

Ce sourire fit voir à Karl qu'elle n'était point offensée de son audace. Il reprit courage.

— Si habile, répondit-il, que je voudrais, au lieu de l'égratignure que j'ai reçue cette nuit, m'être fait tuer à moitié pour votre service.

— Est-ce que vous aimez les querelles? dit Wilhelmine. Mon pauvre Marcus m'avait donc trompé? Il disait que vous étiez le plus doux et le plus pacifique des hommes, et que vous aviez horreur de répandre le sang humain. Je vous aimais déjà sur ce portrait.

— Vous m'aimiez! dit Karl rempli de joie.

— Oh! comme j'aime tous les amis de mon frère. Je ne vous connaissais pas encore.

— Et maintenant?

— Maintenant, j'ai pour vous une sincère... voyons, comment dirai-je? amitié est un terme un peu fort, estime est un peu faible; que dites-vous de reconnaissance?

— Hélas! dit le pauvre Karl, n'ai-je rien à espérer de plus? Ce que j'ai fait, tout autre aurait pu le faire; qui ne serait heureux de se faire tuer pour vous? Ce n'est pas de la reconnaissance que vous me devez.

— Et quoi donc?... Ajoutons-y, si vous voulez, une forte dose d'estime et une petite dose d'amitié.

— D'amitié! c'est cela même. Oui, permettez-moi d'être votre ami le plus dévoué, le plus ardent; jurez-moi de me permettre de donner ma vie pour vous, de veiller à votre sûreté, de vous protéger contre ce scélérat que nous n'avons, je le crains bien, tué qu'à moitié.

— Marcus serait bien heureux, dit Wilhelmine d'un ton moitié léger, moitié sérieux, de voir avec quelle ardeur vous reportez sur sa sœur l'amitié que vous avez pour lui. Je vous remercie pour moi et pour lui, mais j'espère que nous n'aurons pas une seconde fois besoin de votre courage. Si M. de Schauenstein vit encore, il n'aura, je crois, de longtemps envie de reparaître dans le grand duché de Bade, et, s'il y reparaît, Marcus est homme à l'en faire repentir.

— Mais s'il osait y revenir? Il est bien riche et

bien puissant! C'est, dit M. Ravinet, l'un des plus grands seigneurs de l'Allemagne. Suis-je assez de vos amis pour que vous me permettiez de combattre à côté de Marcus?

— C'est une singulière faveur que vous me demandez là, répondit Wilhelmine, et il faut que vous ayez pour Marcus une amitié bien dévouée.

Le cœur de Karl battait avec violence.

— Ce n'est pas seulement Marcus, s'écria-t-il, quoiqu'il soit le meilleur des hommes et le plus dévoué des amis; c'est vous que j'aime par-dessus toutes choses, Wilhelmine; ne vous offensez pas de cet aveu, il est involontaire. Vous devez me comprendre, ou plutôt vous m'avez déjà deviné. Avant-hier, je vous vis pour la première fois, et je sentis que je vous aimerais toute la vie. Hier, un hasard que je bénirai éternellement m'a permis de combattre pour vous. Je n'aimerai jamais que vous seule. Je le sais, je le sens. Avant de vous voir, je n'aimais que la science et la liberté; depuis que je vous ai vue, les portes d'un monde nouveau se sont ouvertes pour moi. Je sais maintenant ce que c'est que de vivre, d'aimer, d'être heureux, de souffrir peut-être. Avant de vous voir, je vivais presque seul, car j'avais perdu mon père, et je demandais à mes amis une affection entière et exclusive qu'aucun d'eux ne pouvait me donner. Marcus lui-même, qui m'aimait comme un ami, vous aimait mille fois mieux que moi. Je sentais cet isolement, et je m'étais jeté par désespoir dans des études profondes et difficiles ; je cherchais la gloire, j'avais renoncé au bonheur. Je n'aimais point les femmes que je croyais toutes capricieuses, vaines, légères, sans tendresse véritable, sans profondeur d'esprit, sans fermeté de caractère. Quelques-unes m'avaient semblé belles, mais je ne les aimais pas. Je les regardais comme des statues parlantes et agissantes, sans cœur et sans cervelle. Je blasphémais. Pardonnez-moi, Wilhelmine; je vous ai vue et je vous ai aimée au même instant. Vous n'êtes pas seulement d'une beauté divine, d'un esprit élevé, d'un cœur magnanime ; ces qualités, tout le monde les admire en vous ; vous êtes la femme que j'aime et que j'aimerai toujours ; vous êtes la femme qu'il me faut. Pardonnez-moi ce mot, sans vous je ne saurais plus vivre. J'ai cru, comme Marcus, aimer la liberté d'un amour passionné ; je l'aimais en effet, mais vous seule êtes ma passion véritable. Quand ce Prussien a voulu vous enlever, ce n'est pas un ami que j'ai voulu secourir, c'est un ennemi que j'ai voulu frapper ; j'aurais mortellement souffert, si Ravinet m'avait ôté le plaisir de le tuer; aujourd'hui même, s'il survit à sa blessure, je m'en réjouis dans l'espoir de le retrouver un jour et de lui faire expier son crime une seconde fois. Ce ne sont pas là des sentiments dignes d'un chrétien ou d'un philosophe, mais je me sens plein de rage à la pensée qu'un pareil homme a osé jeter les yeux sur vous et que vous avez failli être sa victime. Devrait-on vous parler autrement qu'à genoux? O Wilhelmine! je n'ose dire que je sois digne de vous, quel homme dans le monde entier pourrait se vanter de l'être? Mais je vous aime plus que la vie et la liberté; je n'ai aimé et n'aimerai jamais que vous. Laissez-moi vivre à côté de vous et vous aimer. Je serai votre ami et votre défenseur, et si mon amour vous déplaît, si je perds tout espoir d'être aimé de vous, je connais et je partage les desseins de Marcus; ne pouvant vivre pour vous, je saurais mourir pour la patrie.

Pendant ce discours, Wilhelmine avait les yeux baissés et regardait attentivement le sable du jardin. Bien qu'elle fût ravie de la déclaration d'amour de Karl, elle n'en témoigna rien d'abord. Elle effeuillait avec distraction une rose d'automne. Il n'est pas si aisé qu'on peut le croire de répondre à un discours aussi décousu et aussi pressant que celui du bon théologien. Il semble d'abord qu'il n'y ait qu'à dire *oui* ou *non*, *j'aime* ou *je n'aime pas*; mais les femmes, heureusement pour elles et pour nous, ne sont pas habituées à parler aussi nettement. L'amour est d'un tempérament délicat, comme le papillon; si on veut le saisir par les ailes, on le froisse et on le brise. Ses couleurs délicates et fraîches se ternissent, et il meurt.

— On ne perd pas de temps à l'université, dit en souriant Wilhelmine. Vous m'avez vue avant-hier, vous m'avez parlé hier, aujourd'hui vous me dites que vous m'aimez. Je vous crois, les amis de Marcus ne savent pas mentir; mais cet amour est bien prompt pour durer longtemps. Je crois à votre sincérité, mais êtes-vous sûr de vous-même? Vous dites que je suis belle et que vous m'aimerez toute la vie; mais serai-je toujours belle et serez-vous toujours amoureux? Vous dites que vous n'avez encore aimé que la science et la liberté, et que vous les avez oubliées pour moi; mais ne m'oublierez-vous jamais pour elles?

— Jamais! dit Karl. Du jour où vous me permettrez de vous aimer, je serai à vous tout entier. Périssent toutes les sciences! périsse la liberté elle-même avant que je cesse de vous aimer!

— Et le devoir? dit gravement Wilhelmine.

faut-il le sacrifier au plaisir d'être heureux? Fuirez-vous les persécutions, parce qu'elles peuvent troubler votre bonheur? N'aurez-vous reçu de la société humaine une éducation si forte et si complète que pour en faire un si mauvais usage? N'aurez-vous la main pleine de vérités que pour la fermer au lieu de les répandre sur le monde? Laisserez-vous quelques hommes de courage s'immoler seuls pour le bien de la patrie, et regarderez-vous du rivage la tempête où peut-être l'Allemagne va bientôt s'engloutir? Avez-vous espéré que la sœur de Marcus abandonnerait son frère à lui-même et refuserait de partager sa destinée? Vous me connaissez mal, Karl, si vous me croyez égoïste à ce point. Ma religion, celle de mon grand-père et de mon frère, est la religion du sacrifice. Il ne s'agit pas de vivre, mais de bien vivre, et, s'il le faut, de bien mourir. Je connais les desseins et le dévouement de mon cher Marcus; quel que soit son sort, le mien sera le même. J'aurais honte de lui survivre. Trop faible pour combattre, je dois servir et encourager ceux qui combattent, relever les blessés et vaincre ou mourir avec eux. Toute autre destinée serait indigne de moi. J'admire et j'envie ces femmes héroïques qui suivaient l'armée des Cimbres et qui se poignardèrent elles-mêmes après la défaite pour ne pas servir au triomphe de Marius et pour ne pas survivre à leurs maris et à leurs enfants. Dans la lutte effroyable qui se prépare, la mort est le seul refuge et la seule espérance des vaincus.

Pendant qu'elle parlait, Karl la regardait avec admiration.

— Qui se douterait, pensait-il, que cette blonde tête, si jeune et si belle, pût être si forte et si héroïque? Je comprends maintenant le respect qu'elle inspire à son frère et même au sceptique Ravinet. Est-ce une femme ordinaire, ou dois-je voir en elle une créature supérieure à son sexe et au nôtre? Hélas! je l'aimerai toujours; mais m'aimera-t-elle jamais? Quel autre qu'un héros est digne d'elle? Et, dans ce pays si paisible, par quelles grandes actions pourrai-je la mériter?

Il voulut s'excuser, et protesta de son attachement à la patrie et au devoir.

— Permettez-moi de vous aimer, dit-il à Wilhelmine, et je jure que je ne serai pas indigne de Marcus.

— Eh! puis-je vous le défendre? répondit-elle, avec un doux sourire. N'êtes-vous pas mon sauveur et l'ami de mon frère? Aimez-moi longtemps, aimez-moi toujours, et, qui sait? quand je serai sûre de votre constance, il est possible que je vous dise la première ce que je ne pense pas encore, ce que Dieu voudra peut-être que je pense quelque jour.

A ces mots, elle lui tendit la main, et tous deux allèrent rejoindre Marcus.

Elle mentait un peu, la belle Wilhelmine, en disant qu'elle ne l'aimait pas encore; mais le ciel l'excusera, elle mentait pour le *bon motif*. Elle aimait Karl comme Porcia, la fille de Caton, aima le stoïque Brutus. Elle mettait la justice et le devoir au-dessus de tout. Marcus l'avait bien jugée lorsqu'il disait à Karl qu'elle préférait son frère à elle-même, et qu'elle serait morte de douleur s'il avait péri dans un combat, et morte de honte s'il avait échappé à la mort par la fuite. Élevée par le vieux Sombrefer dans le culte de Dieu, de la nature et de la vertu, elle était, sans effort et naturellement, héroïque. Le sage vieillard, dès l'enfance, la faisant sauter sur ses genoux, lui racontait les histoires de sa jeunesse, l'entrée des soldats de Custine en Allemagne, son enthousiasme républicain, ses combats au siége de Mayence, la poursuite acharnée des Prussiens qui voulaient le fusiller, le dernier combat qu'il livra sur la frontière avec quelques amis contre un détachement près de l'atteindre. Quand les munitions manquèrent, Sombrefer chargea son fusil avec les boutons de métal de son habit; on se fusillait à bout portant. « Un Prussien par bouton! » criait-il d'une voix éclatante, et chaque coup de fusil renversait un combattant. Exaltée par ces récits belliqueux, l'enfant répétait à son tour le cri de son grand-père : « Un Prussien par bouton! » Sombrefer adorait sa petite-fille, il ne la quittait pas un instant, il la menait à la promenade, il l'égayait par ses chansons, il lui apprenait lui-même le français, la langue de ses pères, et la musique, la langue universelle. Grâce à lui et à son frère, quoiqu'elle eût toujours vécu à la campagne et dans la solitude, elle avait l'esprit le plus étendu, le plus juste et le plus cultivé. Elle n'était pas pédante à la façon des bas-bleus de France, qui, sachant à peine A et B, se croient savantes pour avoir lu quelques poëtes, et riment au hasard des vers de sous-préfecture. Elle avait lu les philosophes plutôt que les poëtes, et les historiens plutôt que les philosophes. C'est pour les femmes surtout, disait le vieux Sombrefer, qu'a été fait le vieux proverbe : l'oisiveté est la mère de tous les vices. Si les femmes donnaient à de sérieuses lectures le temps qu'elles peuvent ôter aux soins du ménage, et à la musique celui que leur laisse la lecture, les mœurs de l'Europe entière deviendraient bientôt irréprochables, et par les mœurs se ferait rapidement la réforme des lois ; mais jusqu'ici quelle nation a su garder un sage milieu entre la liberté absolue des femmes et leur asservissement absolu ? En Orient, les femmes mangent, se parent et vont au bain ; en Italie et en Espagne, elles joignent à ces talents celui de danser et de chanter ; en France, elles savent lire, écrire et pianoter quelques contredanses ; en Angleterre, elles prêchent comme des ministres, font des confitures, des enfants et grondent avec leurs maris ; aux États-Unis, celles qui sont jolies chantent, dansent, rient et courent avec le premier venu sans pouvoir se compromettre (dans ce pays-là, c'est l'homme seul qui est compromis, déshonoré ou forcé d'épouser) ; celles qui sont laides prennent des lunettes vertes, se réunissent en meetings, montent à la tribune, et prêchent, faute de mieux, l'émancipation des femmes et des nègres ; partout on les livre à elles-mêmes, et personne ne s'occupe de leur éducation, comme si l'on ne savait pas que c'est la mère qui élève l'enfant, et que c'est la femme, par conséquent, qui influe le plus sur le sort des jeunes générations. Le vieux philosophe n'avait pas voulu abandonner à d'autres le soin d'instruire et de former Wilhelmine, et, quand elle fut sortie de l'enfance, il trouva dans la tendresse de cœur et l'élévation de l'âme de sa petite-fille le prix de tous ses soins. Heureux père! qui n'avait eu jusque-là de rival dans le cœur de Wilhelmine que son propre frère Marcus! Mais le moment était venu où la belle jeune fille allait connaître l'amour et tous les malheurs qu'il traîne à sa suite, car les dieux immortels ont toujours porté envie au bonheur des hommes.

VI

De l'inconvénient d'écouter aux portes.

Dix jours après cette conversation, M. le directeur de la police à Heidelberg reçut de l'un de ses collègues de Berlin une lettre ainsi conçue :

« Berlin, 18 septembre 1847.

« Mon cher baron,

« Entre amis tout est commun. Mes gendarmes sont à vous comme ma bourse, et mieux encore. Ma bourse est souvent à sec, vu la cherté des filles d'opéra. Vous ne pouvez vous figurer, très-cher, à quel taux sont montées ces faiseuses de pirouettes. On ne saurait plus vous garantir un amour pur, virginal, désintéressé et de tout point bien conditionné, à moins de quarante ou cinquante mille thalers. N'est-ce pas extravagant? Charlotte me ruine. Les appointements d'un pauvre directeur général ne vont pas à la cheville de cette trop aimable folle. Samedi dernier, elle a voulu donner une fête à douze ou quinze de ses amies. Chacune avait amené quelque officier aux gardes. Tout se passa fort bien jusqu'au dessert; tout à coup un de ces écervelés ouvre la fenêtre et jette une bouteille vide dans la rue; les autres suivent son exemple; on a ramassé deux ou trois bourgeois qui avaient eu la cervelle un peu fêlée. Jugez du bruit qu'ils ont fait. Vous n'avez jamais entendu crier des bourgeois; les oies du Capitole n'étaient rien auprès. La morale de l'histoire, c'est que le roi, apprenant ce qui s'était passé, m'a fait mander et m'a menacé de destitution. « Je veux bien, » a daigné me dire Sa Majesté, « que les officiers de mes « gardes s'enivrent de champagne; le champagne « est un vin généreux, fait pour réchauffer un « cœur et un gosier allemands » (en disant ces mots Sa Majesté buvait une bouteille à la régalade), « mais je ne veux pas qu'on casse la tête aux bons « bourgeois de ma bonne ville de Berlin. Je veux « que mes gentilshommes s'amusent, mais je veux

« que ma police empêche mes bourgeois de crier « et de se lamenter. Comme disait le Grand Fritz, « un cœur allemand bat dans ma poitrine alle« mande, et ma main allemande sait manier un « sabre allemand. Allez. » Je n'ai pas très-bien compris la fin du discours de Sa Majesté. Et vous?

« Revenons à nos affaires. La présente, cher baron, est pour vous dire que mes gendarmes étant à votre disposition (ne vous en faites faute à l'occasion), j'ose compter un peu sur les vôtres. Faites-moi arrêter, je vous prie, et mettre à l'ombre pour quelque temps, un certain Karl Brünner, docteur en théologie, sujet prussien, qui doit être en ce moment à Heidelberg ou dans les environs. Ce maraud, il y a quelques jours, profitant de l'imprudence de monsieur le comte de Schauenstein, mon frère, lui a tiré dans l'ombre un coup de pistolet. Il avait, à ce qu'il paraît, des complices, car Schauenstein était, je pense, en bonne fortune chez une petite bourgeoise des environs de Heidelberg. Le père de cette péronnelle, son frère et un médecin français ont aidé au guet-apens, et mon frère n'a pu échapper au danger que grâce à son courage. Vous entendez de reste, mon cher baron, que je ne prétends pas vous faire un récit très-exact de l'affaire. Ces sortes de récits sont bons pour un juge d'instruction, et non pour un gentilhomme tel que vous et moi. Il suffit que vous fassiez constater l'identité de ce Brünner ou Bruncker, car j'ai toujours de la peine à retenir ces noms plébéiens. Quant au motif de son arrestation, vous donnerez celui qu'il vous plaira : celui-là ou un autre, peu importe; ou mieux, — n'en donnez aucun. Vous laisserez moins de prise à la critique. Où en seraient les gouvernements s'il fallait rendre compte de tout aux gouvernés? Que deviendrait le grand art de la politique?

« Adieu, cher, recommandez-moi aux beaux yeux de Katinka. L'été prochain, j'irai vous voir à Bade, et nous pourrons, si vous voulez, faire un troc. Charlotte a des jambes admirables. Vous en jugerez.

« Tout à vous,

« Comte de SCHAUENSTEIN-KRAUMENTHAL. »

Le baron de Goldsberg, après avoir réfléchi un instant, répondit par la lettre suivante :

« Heidelberg.

« Très-cher comte,

« Je regrette que vous n'ayez pas mis mon dévouement à une plus forte épreuve. L'individu dont vous avez bien voulu me demander l'arrestation est un drôle sur lequel, pour d'autres motifs, j'avais déjà les yeux. Imaginez-vous, cher comte, que je suis sur la trace d'une conspiration. Une demi-douzaine de pédants en *us* et en *os*, disciples de Hegel, de Kant, ou de quelque autre barbouilleur de papier, ont résolu, à ce qu'il paraît, de fonder la république en Allemagne. Cette bouffonnerie vous fera rire. Ils sont en relations avec les républicains de France, de Suisse et d'Italie; et c'est plaisir de voir comme ces gens-là renversent les trônes, changent la carte de l'Europe et prétendent enseigner à vivre au czar de toutes les Russies (que Dieu conserve!) et au Grand Turc en son sérail. On ne verrait plus à les entendre ni rois, ni princes, ni gentilshommes, ni bourgeois, ni paysans, ni armée, ni police; il n'y aurait plus que des hommes libres, comme ils disent; ils nommeraient leurs magistrats, leurs maîtres d'école, leurs prêtres; que sais-je? c'est la fidèle image de la cour du vénérable roi Pétaud. Le Brünner dont vous parlez est de la bande; ils ont, ce soir, une assemblée à deux lieues d'ici, dans une maison de campagne, au milieu des bois. Un homme à moi va les suivre et surprendre leur secret; demain je ferai coffrer ces gens-là, et nous en ferons un bon rapport bien détaillé qui leur vaudra la corde et à moi le grand cordon de l'Aigle noir de Prusse et quelque gratification. Entre nous, la gratification viendra fort à propos, car les beaux yeux de Katinka me coûtent pour le moins aussi cher qu'à vous les belles jambes de Charlotte ; mais il faut soutenir son rang. C'est aux bourgeois de suivre l'exemple des patriarches.

« Présentez, je vous prie, mes compliments à monsieur le comte, votre frère, et dites-lui les vœux que je fais pour sa prompte guérison. S'il lui était arrivé malheur, le beau sexe de l'Allemagne ne s'en serait jamais consolé.

« Je suis, cher comte, de Votre Excellence, le dévoué serviteur et ami,

« Baron de GOLDSBERG. »

La lettre partie, Goldsberg fit appeler Bauer, et sans préambule :

— Bauer !

— Excellence !

— Tu es un habile coquin.

— Votre Excellence me flatte.

— Et tu as cent fois mérité la corde.

— Monseigneur, si l'on pendait tous ceux qui

ont mérité d'être pendus, qui de nous pourrait avoir sa grâce?

— *Qui de nous?* Je crois, maraud, que tu oses te comparer à moi? Te crois-tu pétri de la même argile?

— Je n'ai pas cette présomption, Excellence.

— On se plaint de toi. Il me revient sur ton compte mille rapports fâcheux.

— Hélas! monseigneur, le monde est si méchant! Si vous saviez tout ce qu'on dit de vous!

— Et que peut-on dire, coquin?

— Monseigneur, le respect m'empêche de parler.

— Laissons cela. Veux-tu gagner cent florins?

— Que faut-il faire?

— Je suis content de ton adresse. Je veux te donner une occasion de te signaler. Tu vas partir pour Brünnesheim. A deux cents pas du village est un bois près de la route. Tu verras passer ensemble ou séparément plusieurs hommes : ce sont nos conspirateurs. Tu les suivras jusqu'à la maison du garde. Tu entreras avec eux.

— Comment?

— C'est ton affaire de chercher le moyen. Tu écouteras et tu viendras me faire ton rapport.

— Et s'ils me surprennent?

— Ils te tueront, c'est ton affaire. La police ne

réclame jamais les siens : tant pis pour qui se laisse prendre.

— C'est juste, monseigneur; mais ne pourrait-on pas me faire suivre par des gendarmes et surprendre les conspirateurs eux-mêmes?

— C'est cela. Donner l'éveil, faire manquer le rendez-vous, faire échouer un si beau plan, si bien conçu! Bauer, vous êtes un poltron!

— Monseigneur, quelle tête va aussi bien que la mienne à mes épaules?

— Eh bien, voyons, combien vaut-elle cette tête si précieuse? Je te l'achète.

— Dix mille florins.

— Es-tu fou? A ce prix j'aurais vingt têtes d'honnêtes gens.

— Dont aucun ne voudra faire mon métier.

— Cinq cents florins!

— Non, mille! monseigneur, c'est à prendre ou à laisser.

— Va donc pour mille florins. Coquin, tu m'arraches l'âme.

— Je veux être payé d'avance.

— Coquin, te défies-tu de moi? Me prends-tu pour un croquant de ton espèce?

— Je ne me défie pas, monseigneur; mais je veux, si je dois mourir ce soir, avoir vu du moins et touché cet or sacré pour lequel je vais risquer ma vie.

— Prends donc, et que le diable t'emporte!

Une heure après, Bauer était sur la route de Brünnesheim. Ce petit village est un des plus beaux qu'on puisse voir dans tout le pays de Bade et de la Forêt-Noire. Il est bâti au centre d'une petite plaine entourée de tous côtés par des collines peu élevées. Cette enceinte de collines s'ouvre à l'ouest et à l'est pour laisser passage à la grande route qui va de Heidelberg à Manheim. A droite de la route, dans un bois de chênes, sur le penchant de la colline, s'élevait une maison isolée, dont le propriétaire était un étranger nouvellement établi dans le village.

Il était huit heures du soir, lorsque Bauer arriva près de la maison que lui avait désignée le baron de Goldsberg. En cette saison il est nuit de bonne heure, et Bauer profita de l'obscurité pour se cacher près de la maison, derrière un gros buisson.

Il attendit inutilement pendant deux heures. A ce moment, un homme frappa trois coups très-légers à la porte. On ouvrit, il prononça le mot : *justice*, et entra. Huit autres se succédèrent, firent le même signal et entrèrent également. Enfin, deux autres entrèrent en même temps, et Bauer entendit fermer et verrouiller la porte. Il fit le tour de la maison, cherchant quelque issue pour entrer à son tour. Inutile tentative : les volets étaient hermétiquement fermés. On n'entendait aucun bruit de l'intérieur.

— Voilà des gens bien prudents, et qui n'en sont pas à leur coup d'essai, se dit-il. Après de laborieux essais dans lesquels il se déchira les mains et s'arracha les ongles, il parvint enfin à escalader le premier étage. Il tira à lui l'un des volets qui était mal fermé, poussa la fenêtre qui était entr'ouverte et entra avec précaution dans une chambre. L'obscurité était effrayante. Le moindre faux pas pouvait le trahir. Il craignait de heurter quelque meuble dont le bruit aurait attiré les habitants de la maison. Il étendit la main le long de la muraille, avança avec précaution un pied d'abord, puis l'autre, puis il s'enhardit et arriva jusqu'à une porte qu'il ouvrit avec des précautions infinies. Après la porte venait un escalier qu'il descendit lentement, non sans avoir pris soin d'ôter ses souliers pour amortir le bruit de ses pas. Au bas de l'escalier, il suivit un long corridor et s'arrêta à une porte vers laquelle l'attirait un léger bruit de voix. Il regarda par le trou de la serrure et ne fut pas fort étonné d'apercevoir notre ami Karl Brünner assis et, à côté de lui, Ravinet et le polonais Radzynsky. Bauer ne reconnut pas les autres personnages qui étaient assis comme ceux-ci autour d'une table ronde. L'un d'eux parlait à demi-voix, et le pauvre Bauer s'aperçut à son grand regret qu'il n'entendrait pas un mot de la conversation. Tout le monde parlait français, bien qu'avec un accent étranger.

Ce contre-temps exaspéra le malheureux agent de monsieur le directeur de la police de Heidelberg.

— Quel dommage de n'avoir pas été à l'Université! pensa-t-il. Cela nuira toujours à mon avancement. Voilà une de ces occasions où l'on sent tout le prix d'une bonne éducation. Pourquoi ne suis-je qu'un âne allemand? Ah! si j'étais comme ce bienheureux Krantz qui parle toutes les langues de l'Europe! Voilà un homme qui sait écouter à toutes les portes. Aussi sera-t-il quelque jour baron et décoré de tous les ordres de chevalerie.

Laissons-le maudire sa destinée et entrons dans la salle. Je voudrais pouvoir raconter au lecteur tout ce qui s'est fait et dit de mémorable dans cette séance solennelle; mais le docteur Ravinet, de qui je tiens toute cette histoire, m'a fait jurer de ne pas révéler les secrets de cette association redoutable. Le nom même des membres de la société doit demeurer un mystère. Il suffira de dire que le premier était un Sicilien qu'on a fusillé après la prise de Catane; le second, un noble hongrois qui a été pendu près d'Arad; le troisième, un philosophe milanais qui a échappé aux Autrichiens. Ceux-là feront juger des autres. Le dernier de tous n'appartenait pas à l'association; il lui prêtait seulement sa maison. C'était un Anglais, correspondant du *Times*, qui ne se souciait ni des rois, ni des peuples du continent, ni du despotisme, ni de la liberté, mais qui était ravi qu'il y eût bataille en quelque endroit de la terre et pour quelque sujet que ce fût. Au fond, il ne se souciait de rien que de faire son métier de correspondant et d'être bien payé. Tous les assistants, excepté Ravinet, le regardaient comme un généreux philanthrope prêt à sacrifier sa fortune et sa vie au triompe de la liberté dans le monde entier. Ravinet seul avait compris que ce brave anglais vendait ses articles comme les fabricants de Manchester leurs cotonnades, et qu'il était le digne représentant de cette grande nation qui, dans ses plus beaux élans de générosité, n'a jamais donné un œuf sans demander un bœuf en échange.

Les conjurés étaient non pas les chefs suprêmes, mais les envoyés des sociétés secrètes de l'Europe.

Tout le monde se rappelle les émeutes partielles, les conspirations, les guerres par lesquelles le parti républicain, en Suisse, à Naples, à Milan, à Rome, préludait à la révolution de 1848. Si le docteur Ravinet l'avait permis, je pourrais donner ici le mot d'ordre de tous les conspirateurs. Il m'a raconté souvent, et dans le plus grand détail, les résolutions qui furent prises dans cette mémorable assemblée. Il y a de quoi faire trembler les peuples et les rois.

Karl, présenté par Ravinet, qui répondit de lui et de son courage, fut admis par acclamation à faire partie de la société. On lui fit prêter un serment redoutable. Au moment où il étendait la main et disait d'une voix forte : *Je le jure*, un incident troubla la réunion.

Bauer, voyant, par le trou de la serrure, Karl se lever, et ne comprenant pas les discours qu'il entendait, crut qu'on allait se séparer et voulut s'enfuir ; mais son pied rencontra une caisse négligemment posée contre le mur. La caisse tomba ; à ce bruit, tous les conjurés, se croyant surpris par la police, armèrent des pistolets qu'ils tenaient cachés sous leurs vêtements, et deux d'entre eux, Radzynsky et Ravinet, ouvrirent la porte pour reconnaître l'ennemi.

Bauer, dans sa fuite, ne sachant par où sortir, avait marché droit devant lui jusqu'au mur. Pendant qu'il cherchait une issue à tâtons, Radzynsky, suivi de Ravinet qui portait une lumière, s'approcha de lui, le saisit par le cou et l'emporta tout tremblant jusque dans la salle où ses compagnons l'attendaient. Bauer fut jeté sur la table à demi mort de peur, et son interrogatoire commença.

— Es-tu seul? dit Ravinet.

Bauer ne répondit pas. Ses dents claquaient de frayeur.

— Es-tu seul? reprit Ravinet d'une voix forte. Réponds sur-le-champ ou je t'étrangle.

— Oui, messieurs, je suis seul.

Deux des assistants se levèrent et visitèrent avec soin toute la maison. Bauer n'avait pas menti.

— Ton nom?

— Bauer.

— Ta profession?

— Tailleur.

— Que viens-tu faire ici?

Bauer hésita.

— Radzynsky, dit le médecin, serrez-moi, je vous prie, le cou de ce drôle, jusqu'à ce qu'il lui plaise de parler.

Le Polonais avança sa main redoutable.

— Grâce, messieurs, dit Bauer d'une voix éteinte, ne me faites pas de mal, je vous dirai tout.

— Que viens-tu faire ici? répéta Ravinet.

— Je viens par l'ordre de M. le baron de Goldsberg, directeur de la police.

— Pourquoi faire?

— Pour écouter vos discours et lui en rendre compte.

— Comment sait-il que nous nous réunissons ici?

— Je l'ignore.

— Tu mens. Qu'allais-tu faire il y a dix jours dans son cabinet?

— Pardonnez-moi. C'est moi qui vous ai dénoncés.

— Et comment savais-tu que nous conspirions?

— J'ai écouté votre conversation dans la soirée qui précéda l'attaque de monsieur le comte de Schauenstein.

— C'est bon à savoir. C'est donc toi qui as servi de guide à ce gros cuirassier pour entrer chez notre ami Sombrefer?

— C'est moi.

Ravinet se tourna alors vers ses compagnons :

— Quelle peine mérite un espion?

— La mort, dit Radzynsky.

— La mort, répétèrent tous les autres, excepté Karl.

Le Polonais appuya tranquillement le canon de son pistolet sur le front de Bauer. Le malheureux frémit et se tordit dans des convulsions horribles. Karl fit signe qu'il voulait parler.

— Arrêtez, dit Ravinet.

Le Polonais désarma son pistolet.

— Messieurs, dit Karl, ce coquin a mérité la mort; mais est-ce à nous de la lui donner? Faut-il souiller nos mains de sang humain? Ceux qui combattent pour la justice ne seront-ils que justes? Ne devons-nous pas à nos amis et à nos ennemis l'exemple du pardon? On ne nous a que trop reproché le sang que nos pères ont versé. Ce sang retombe encore aujourd'hui sur nos têtes, quoique versé pour la patrie et pour la liberté. Faites grâce à ce misérable.

— S'il n'est pas pendu, dit le Polonais, il nous fera tous pendre. Qu'il meure!

Et il arma de nouveau son pistolet. Karl tourna vers le médecin un regard suppliant. Ravinet haussa les épaules :

— Messieurs, dit-il, mon métier est de guérir et non de tuer. Je ne désapprouve cependant pas l'avis de la majorité. La raison que vient de donner notre ami Radzynsky est excellente, mais le scrupule de Karl Brünner est honorable. Êtes-vous tous bien décidés à condamner ce gibier de potence?

— Oui, tous! cria-t-on d'une voix unanime.

— Eh bien! que votre volonté soit faite; il ne s'agit plus que de choisir le genre de mort.

— Grâce, grâce, messieurs! cria Bauer d'une voix désespérée. Grâce! je ne dirai rien. Je vous servirai, si vous le voulez. Je vous dirai les secrets de monsieur le baron de Goldsberg.

— Et que veux-tu que nous fassions des secrets d'un gendarme? dit le médecin.

— Voyons le genre de mort, dit l'impatient Radzynsky.

— Voici, reprit Ravinet. Il y a seize ans, j'étais à Paris et je conspirais déjà contre Louis-Philippe. Un soir, j'étais avec quelques camarades dans une salle voisine de l'amphithéâtre de l'École de médecine. Nous avions choisi ce lieu de réunion qui était moins suspect que tout autre à la police, et nous discutions tranquillement les moyens de préparer l'insurrection qui éclata quelques jours après, celle des 5 et 6 juin 1832. Tout à coup on découvrit un agent de police qui s'était caché derrière la porte, à peu près comme a fait ce drôle que vous voyez. Il fut saisi et étouffé entre la porte et le mur du corridor. Quand la nuit fut venue, on le disséqua, chacun en emporta un morceau sous ses vêtements et le jeta dans la Seine. La rivière a parfaitement gardé le secret de cette aventure. Que dites-vous de mon histoire?

— Qu'elle est admirable, dit le Sicilien qui n'avait pas encore parlé; mais que ferons-nous des membres de ce misérable?

— On peut les enterrer dans le bois, dit Radzynsky.

— Qui se charge de l'exécution? reprit le médecin. Tous se regardèrent en silence.

— Eh bien! qu'on le mette entre deux matelas. On l'étouffera. Nous demeurerons tous assis sur ces matelas jusqu'à ce qu'il soit mort.

Le correspondant du *Times*, aidé du Sicilien, apporta les deux matelas. Bauer poussait des cris affreux. Karl se cacha la figure avec les mains pour n'être pas témoin de l'exécution.

— Hélas! monsieur Brünner, dit Bauer, n'aurez-vous pas pitié de moi? Faut-il que je périsse à la fleur de l'âge, moi qui vous ai fait de si beaux habits, si bien coupés, si bien cousus, que le premier tailleur de Paris n'aurait pas pu vous en donner de pareils? Ayez pitié, monsieur, ayez pitié! Gertrude vous demandera compte de mon sang. Ah! pauvre Gertrude qui m'aimait tant, elle en mourra de douleur, et avec elle notre pauvre enfant.

Le nom de Gertrude et les cris de ce misérable firent frémir Karl. Il avait l'âme trop généreuse pour ne pas être ému des souffrances d'un ennemi ; il fut touché de l'abjection et du désespoir de Bauer, et s'adressa de nouveau à Ravinet pour le fléchir. Le médecin, par habitude de métier et par principe, n'était pas fort sensible, mais il comprit l'horreur que ce supplice causait au pauvre Karl, et il voulut lui en épargner la vue.

— Messieurs, dit-il, nous avons condamné cet homme à mort. Je ne m'en repens pas ; la sentence est juste ; mais, entre nous, il reste peu de chose à faire pour l'exécution. Il est déjà à demi mort de frayeur ; laissons-le, croyez-moi, à son sort, et partons. Il est deux heures. A peine aurons-nous le temps de rentrer sans qu'on s'aperçoive de notre absence.

— Mais, dit l'obstiné Radzynsky, demain ce gredin va nous dénoncer tous.

— Messieurs, s'écria Bauer, ne le croyez pas. Je jure de me taire sur tout ce que j'ai vu et entendu ce soir. Je n'ai pas grand mérite à le faire ; je n'entends pas un mot de français.

— Que tu l'entendes ou non, dit Ravinet, peu importe ! Je ne crains ni toi ni ton maître. Tu sais maintenant si nous avons le bras long.

— Ami, dit-il à l'Anglais, expliquez à cet homme le supplice qu'on fait subir aux traîtres dans votre pays.

— A Londres, dit l'Anglais, on les jette dans la Tamise.

— Et à Milan, dit Ravinet au philosophe milanais?

— On les poignarde, dit l'Italien, et il fit le geste de frapper Bauer qui poussa un cri de détresse.

— Et à Palerme? dit le médecin au Sicilien.

— On les écorche et on les fait rôtir tout vifs.

— Tu entends, Bauer, dit Ravinet; prends garde à tes discours si tu ne veux être ni jeté à l'eau, ni poignardé, ni écorché et rôti. Quant à moi, qui songe avant tout aux intérêts de la science, je te disséquerai tout vivant pour savoir comment est fait le cœur d'un espion et d'un traître.

— Oh! monsieur, dit Bauer consterné, je vous jure...

— Épargne-nous tes serments. Aujourd'hui l'on te fait grâce. Va te faire pendre ailleurs, mais souviens-toi toujours que tu dois la vie à Karl Brünner. Et nous, amis, partons.

VII

Les assistants se séparèrent. Le médecin, Karl et le Polonais quittèrent la maison les derniers, et prirent la route de Heidelberg qui traverse le village de Dietz. Le vent avait dissipé les nuages. Le ciel était parsemé d'étoiles brillantes. Les trois conspirateurs marchèrent quelque temps en silence. Karl rêvait à Wilhelmine, Ravinet au plaisir qu'il aurait eu de disséquer Bauer sans la malencontreuse intervention de l'étudiant, et Radzynsky à l'espoir qu'il avait de se battre bientôt, n'importe où et contre qui. Ce dernier prit la parole.

— Mon cher monsieur, dit-il à Karl, quelle raison avez-vous de vous intéresser à ce misérable?

— Et vous, dit Karl, pourquoi teniez-vous si fort à lui brûler la cervelle?

— Pour faire un exemple. Entre ces gens-là et nous, c'est une guerre à mort. Je sais épargner un ennemi qui m'attaque de front, mais je méprise et j'exècre ces reptiles venimeux qui nous mordent dans l'ombre, et je les écrase sous mon talon.

— Ce sont pourtant des hommes, reprit Karl. Dieu leur a donné, comme à nous, une âme immortelle, et le plus vil d'entre eux est capable de repentir. Faut-il leur fermer toute espérance? Ne croyons-nous qu'à la vie d'ici-bas, et ne devons-nous pas respecter dans ces êtres dégradés la divinité dont ils portent l'empreinte?

— O philosophes! dit le Polonais, rêverez-vous donc toujours? Vous vivez dans le pays des chimères, mon cher Brünner, et vous croyez avoir affaire à des êtres raisonnables et raisonnants. Retournez au pays des âmes; c'est votre patrie véritable, et laissez conspirer ceux que n'arrêtent pas de vains scrupules lorsqu'il s'agit de combattre l'éternel ennemi.

— Est-il donc si nécessaire de verser le sang? Ne saurons-nous jamais aimer nos semblables, respecter ceux qui l'emportent sur tous les hommes par la grandeur d'âme et le génie, avoir compassion de ceux qui sont faibles ou méchants, et les élever peu à peu jusqu'à ces destinées glorieuses où doit parvenir un jour l'humanité régénérée? La révolution que nous appelons de tous nos vœux, que nous amenons de tous nos efforts, n'est-elle qu'une œuvre de sang et de ruine comme celle des rois et des conquérants? ou bien est-ce, comme je le crois, une première manifestation de cette divine harmonie qui doit régner un jour dans tout l'univers? Ne voulez-vous détruire que pour le plaisir de détruire, et non pour construire dans l'ordre social un temple digne du genre humain qui en sera l'architecte, et du Dieu sublime qu'on y adorera?

— Mon cher ami, dit le Polonais, je n'ai rien à répondre à vos paroles. Je n'ai pas vécu dans les universités, et, de mon temps, on agissait beaucoup plus qu'on ne raisonnait. J'ai passé, à sabrer des gens à pied ou à cheval et vêtus de blanc ou de vert, le temps que vous avez employé à examiner les temps anté-adamiques et les temps post-adamiques. Je ne suis pas un idéologue, moi; j'ai fait mes premières armes sous Napoléon, et Dieu sait que le cher homme s'entendait en philosophie comme mon chien à jouer du piano. C'était une infirmité de nature qui ne l'a pas empêché de se bien battre et de bien faire son chemin. Nous avons tous, plus ou moins, gagné cette infirmité à son service. Que vouliez-vous que fît un pauvre homme au bivouac, dans les neiges de la Pologne ou sur les âpres plateaux du Guadavrama? Panser son cheval d'abord, car la pauvre bête ne sait pas s'étriller, prendre et ôter ses harnais (sans quoi elle serait plus raisonnable que beaucoup de chrétiens), allumer du feu, préparer son repas, aller en maraude quand les magasins étaient vides, et avaler de temps en temps quelques coups de bonne eau-de-vie. Voilà, cher docteur en théologie, ce que je pouvais faire à l'âge où vous avez résolu la question de l'origine des idées, où vous savez parler, pendant deux heures de suite et sans broncher, de l'*innéité* et de l'*eccéité*, du *temps* et de l'*espace*, de la *personnalité* ou de l'*impersonnalité* de Dieu, et d'une foule d'autres questions non moins instructives qu'intéressantes pour les quatre-vingt-dix-neuf centièmes de l'espèce humaine. Je suis un soldat, moi, et non pas un docteur; je sais tenir un sabre comme tous les gens de mon pays, dont le plus savant ne donnerait pas une épingle de toute la philosophie allemande. Ce n'est pas pour dire du mal de votre métier. Les coups de plume, aujourd'hui, valent mieux que les coups de sabre, et les blessures qu'ils font se guérissent plus difficilement; mais enfin je n'entends rien aux guerres de plume. Chacun a sa spécialité, ce n'est pas la mienne. Chacun son métier, dit le sage, les vaches seront bien gardées. Vous voulez que les hommes construisent à Dieu des temples? je le veux bien; je vais même plus loin que vous : je veux, pendant qu'ils auront la truelle en main, qu'ils se construisent à eux-mêmes de bonnes maisons, bien confortables, où l'on se rafraîchisse en été, où l'on se chauffe en hiver. Vous dites que je ne songe qu'à détruire; c'est que je ne suis pas un faiseur de systèmes; je sens ce qui me gêne, et je ne sais pas comment il faudrait le remplacer. Quand mon soulier est trop étroit, je le rends au cordonnier, c'est affaire à lui de l'élargir. Vous songez à l'Allemagne, et moi je songe à la Pologne. Vous demandez la liberté qui vous manque, et moi je demande de rentrer dans ma patrie et d'en faire sortir les Russes. Or, ce n'est pas avec des idées philosophiques que je chasserai les Cosaques. Les raisonnements les plus aigus et les plus pénétrants ne peuvent rien contre la lance d'un sauvage ignorant qui regarde comme un droit naturel de frapper devant lui, au hasard, tout ce qui ne reconnaît pas l'autorité sacrée du czar. J'aurai beau dire au Kirghiz et au Zaporogue que la Pologne est une thèse, la Russie une antithèse, et que leur réunion forme une antinomie, il poussera sur moi son cheval, et, si j'ignore la charge en douze temps et l'escrime de la baïonnette, il m'embrochera vif. Vous perdez le temps à discuter et à faire de beaux discours dans vos sages pays d'Occident ; vous êtes comme le vieux Nestor qui ne pouvait cesser de parler parce qu'il était enchanté de sa propre sagesse, et, pendant ce temps, vous n'entendez pas à l'orient de l'Europe cette armée immense qui se met en marche à petit bruit, et à qui le czar a promis vos dépouilles. Il y a même parmi vous des gens assez fous ou assez traîtres pour vous étourdir sur le danger. Vous voyez des princes russes qui dansent, qui chantent, qui parlent, qui mangent, qui boivent comme tout le monde, et souvent même mieux que tout le monde ; et cette vue vous rassure. Vous dites : « Ce sont là des personnes naturelles ; on les a calomniés, » et vous leur faites accueil, et vous leur souriez, vous faites amitié avec eux, en attendant qu'ils vous surprennent et vous égorgent comme ils firent au siècle dernier pour la pauvre Pologne. Qui a partagé la Pologne? Marie-Thérèse, la plus pieuse des femmes ; Frédéric II, le plus philosophe des rois ;

Catherine II, la czarine sans préjugés, l'amie de Voltaire et de Diderot. Pour moi, quiconque est ami des Russes est mon ennemi personnel ; quiconque est ami du despotisme est ami des Russes. Voilà pourquoi je hais vos souverains du continent, et leurs polices tracassières qui font la besogne des Russes et qui préparent les voies à la barbarie la plus savante et la plus calculée qui fut jamais. D'un pareil ennemi il n'y a point de merci à attendre, il ne faut pas lui en accorder. Quand je suis menacé par un espion, je le tue. Il n'y a point à hésiter. Vous avez faibli ce soir, soyez sûr que vous vous en repentirez. J'excuse cette pitié dans un jeune homme ; mais dans mon vieil ami Ravinet, qui a de l'expérience, c'est une faute impardonnable.

— Bon ! dit le médecin, mon tour devait venir. Je m'y attendais. Mon cher Radzynsky, quoique vous n'ayez pas perdu beaucoup de temps dans les universités, vous ne pouvez pas trouver mauvais les scrupules de conscience de Karl Brünner. C'est un théologien et non pas un vétéran. Tout le monde n'est pas fait comme vous d'acier trempé. Vous êtes sanguin et bilieux ; vous avez peine à concevoir ces faiblesses de la nature dans une âme impressionnable et dans un tempérament nerveux. Karl n'est pas fait sur le même modèle que vous, et cela est fort heureux. Vous ne pensez qu'à la bataille, et lui il pense surtout au lendemain de la victoire. Pour lui, la révolution n'est pas un but, mais un moyen. Il se battra vaillamment, je le sais, je l'ai déjà vu à l'œuvre, mais il veut savoir pourquoi il se battra, et, entre nous, sa curiosité est bien excusable. Quant à moi, vous me reprochez d'avoir faibli tout à l'heure; je vous avouerai que je pousse la faiblesse encore plus loin que vous ne le pensez. Je commence à douter beaucoup qu'il soit permis, sous quelque prétexte que ce soit, hors le cas de légitime défense, d'ôter la vie à un homme. Quelque vil ou cruel que soit un homme, la société ne doit pas lui ôter une vie qu'elle ne lui a pas donnée. C'est une affaire entre Dieu et lui. J'irai plus loin. Je ne sais s'il devrait être permis de condamner un homme à une peine corporelle, même la plus légère, tant j'éprouve de respect pour la créature de Dieu. Quelque grand que soit le crime, soyez-en sûr, ami, plus grand encore est le châtiment moral. L'homme qui est criminel est toujours malheureux. Je ne parle pas d'un malheur matériel, comme d'être réduit à la misère, de souffrir de la faim ou de quelque autre maladie. Je veux dire que les remords de la conscience sont un châtiment suffisant et qui ne manque à personne, quelque légère que soit la faute. Bien des gens envient le sort de ce sultan qui avait rassemblé dans son sérail les plus belles femmes de l'Asie, et qui les faisait garder par trois mille eunuques d'Afrique, qui avait dans ses caves les meilleurs vins de l'Europe, et à son service les plus habiles ministres et les meilleurs soldats du monde. Certes, cet homme bien portant, jeune, riche, entouré de toutes les jouissances du corps et de l'esprit, devait être heureux. Il ne l'était pas. Il est mort dans un accès de désespoir furieux pour avoir (le pauvre homme avait l'habitude de couper lui-même des têtes d'esclaves, après dîner) coupé par mégarde, étant ivre, la tête de la sultane favorite. Couper des têtes, quel divertissement oriental! n'est-ce pas le sommet de la puissance et de la gloire? Eh bien, cet illustre sultan en est mort. Tôt ou tard Dieu châtie ceux qui ont violé ses lois. Pourquoi nous charger de sa besogne? Sommes-nous infaillibles? J'ai remis cet homme en liberté, Radzynsky, et s'il fallait recommencer, je le ferais encore. Ce n'est pas générosité de ma part, c'est sentiment du devoir, c'est scrupule de conscience. Je ne m'attendris pas comme une femme ou un enfant, mais je considère ce qui est juste et raisonnable, et je le fais. Je suis endurci par métier au spectacle de la douleur physique et de la mort, mais je crois au repentir, à la réforme des âmes, à l'action continuelle et efficace de la volonté divine sur le cœur de l'homme. Pourquoi irais-je traverser les desseins de Dieu et mettre des bornes à sa miséricorde ?

— En vérité, cher docteur, vous prêchez comme un ministre. Vous avez un grand avantage sur moi qui suis ignorant comme un vrai troupier, tandis que vous êtes, vous, préparé sur toutes ces questions. Supposons, si vous voulez, que j'aie tort. Je souhaite que l'événement ne vous fasse pas regretter d'avoir fait grâce à ce coquin. Je vous quitte. Adieu, amis, nous nous reverrons demain à Heidelberg.

— A demain, dirent Karl et Ravinet.

Les trois voyageurs étaient arrivés au village de Dietz, devant la maison du vieux Sombrefer. Radzynsky poursuivit sa route et arriva bientôt à Heidelberg. Karl et Ravinet entrèrent dans la maison de Sombrefer, sans éveiller personne. Brandt leur avait donné la clef d'avance. Quand ils furent seuls dans leur chambre :

— Voilà un rude homme, dit Karl au médecin en parlant du Polonais.

— Le connaissiez-vous déjà ? demanda le médecin.

— Il m'a servi de second le jour de mon duel avec Schauenstein, et, du premier coup de sabre, il abattit le bras et l'épaule d'un pauvre major prussien.

— Mon cher, dit Ravinet, voilà l'un des plus braves soldats de Napoléon. A vingt ans, cet homme avait vu plus de quatorze batailles ; la mitraille pleuvait autour de lui et sur lui comme la grêle sur les toits ; et il vit encore. Je ne sais de quel métal il est fait. C'est le cœur le plus naturellement héroïque que je connaisse. Il a toutes les superstitions des anciens Slaves, mais ces superstitions ne détendent pas en lui les ressorts de l'âme au jour du danger. Il a connu autrefois Mme de Krudner, et il a été initié par elle aux mystères de Swedenborg. Il a foi aux présages, aux esprits supérieurs qui communiquent avec les mortels, et rarement il entreprend quelque chose sans avoir consulté quelque démon familier. Ce sont là des faiblesses que je lui pardonne volontiers en faveur de la foi inébranlable qu'il a dans la délivrance de sa patrie. Il est persuadé que si l'Europe veut être libre dans le présent ou dans l'avenir, il faut d'abord qu'elle rende la liberté à la Pologne. Voilà pourquoi il est dans nos rangs; car d'ailleurs il se soucie aussi peu de la république que de la monarchie, et de la démocratie que de l'aristocratie. Il ne comprend pas grand'chose aux systèmes des républicains de France ou d'Allemagne, et il ne cherche pas à comprendre. Ces choses-là, bonnes ou mauvaises, ne se verront pas en Pologne avant un siècle, nous dit-il souvent. Il hait les Russes d'une haine ardente et profonde; pour les combattre, il se ferait Turc. Ce n'est pas que les religions lui soient indifférentes, mais il se croit placé au-dessus de toutes les religions positives par les communications qu'il entretient avec les esprits de l'air. Qui croit avoir le plus ne désire pas le moins. Aussi méprise-t-il la philosophie moderne, si pleine de doutes et d'incertitude.

— Est-ce qu'il y a beaucoup de Polonais qui lui ressemblent?

— Par tout pays, mon cher ami, les héros sont fort rares; mais s'il est un peuple insouciant du danger, audacieux, prompt à la bataille et sans inquiétude du lendemain, c'est assurément le peuple polonais; il a, par-dessus tous les autres, les qualités et les défauts de la race slave. Ne demandez pas à ces gens-là pour qui ni pour quoi ils se battent, cela leur est fort égal. Ils aiment le mouvement, le bruit, le danger. C'est un vrai peuple de frontière. A cheval, la lance en arrêt, ils ont, pendant quinze siècles, monté la garde devant les barbares de l'Asie. Ils ont exterminé les Huns, chassé les Tartares, sauvé l'Allemagne des Turcs; ils ont dominé la Russie elle-même qui leur tient aujourd'hui le pied sur la gorge; ils ont poussé le cri d'alarme et averti l'Occident, et si l'Allemagne parlante, délibérante, philosophante et ratiocinante les a laissés périr, ils savent que leur cri a été entendu et que, derrière ces masses profondes, mais lentes à se décider et à se mouvoir des pays germaniques, tôt ou tard la France leur tendra cette main puissante qui n'a jamais frappé en vain, parce qu'elle n'a jamais combattu que pour la justice.

— Croyez-vous donc, dit Karl, l'Allemagne incapable de s'organiser elle-même et de combattre l'ennemi commun?

— L'Allemagne sera le champ de bataille, dit Ravinet. C'est toujours en Allemagne que se décide le destin de l'Europe, mais c'est l'épée de la France qui le décide.

— La vieille Germanie est-elle sans armes et sans courage?

— A quoi servent les armes et le courage, si

vous ne savez pas vous unir? Vous êtes des gens si consciencieux, vous trouvez toujours tant de bonnes raisons pour et contre, que la querelle est terminée avant que vous ayez pris un parti. Que peut-on espérer ou craindre de gens qui doutent de tout et toujours?

— C'est le moyen de ne se tromper jamais, dit Karl en riant.

— Et de ne rien faire de bon.

— Qui sait? Vous autres Français, vous vous remuez comme des anguilles dans un étang; vous avancez, vous reculez, vous allez à droite, à gauche; on vous croit royalistes, vous proclamez la république, vous faites la guerre aux rois, vous renversez les aristocraties, et, quand vous avez donné le plus pur de votre sang pour défaire tout l'ancien régime, au moment d'installer le nouveau, vous faites un empereur et une aristocratie nouvelle; vous aviez proscrit les prêtres, et vous faites un concordat; vous aviez promis une paix perpétuelle, et pendant quinze ans vous mettez sur pied toute la population virile de l'Europe; on croit que vous voulez garder Napoléon; on s'accoutume à lui de gré ou de force; tout à coup, au moment où il paraît inébranlable sur son trône, vous secouez les épaules comme des gens fatigués, et le trône tombe avec l'empereur. Vous ne voulez ni monarchie ni république, ni despotisme ni liberté. Tout vous ennuie et vous lasse. Est-ce à vous de rire de notre indécision?

— Chut! dit Ravinet, ne parlons pas politique.

Pendant cette conversation les deux amis s'étaient couchés; ils dormirent bientôt d'un profond sommeil.

Le matin, de bonne heure, Marcus entra dans la chambre. Son visage triste annonçait de mauvaises nouvelles:

— Mon cher ami, dit-il à Ravinet, levez-vous, je vous prie, et venez voir mon grand-père.

Le vieux Sombrefer était gravement malade. Les craintes qu'il avait ressenties pour sa petite-fille le jour de l'attaque du comte de Schauenstein, son émotion à la vue de Marcus sanglant et évanoui, l'accueil que le baron de Goldsberg lui avait fait, et qui lui faisait craindre quelque persécution nouvelle pour ses enfants, avaient causé une fièvre violente au vieillard. Ce vaillant républicain, qui avait bravé tous les dangers, tremblait pour le sort de sa chère Wilhelmine. Il craignait que Brandt, enrôlé dans les sociétés secrètes, ne fût quelque jour tué dans une tentative désespérée des révolutionnaires allemands et ne laissât sa sœur isolée, sans amis et sans famille, exposée à toutes les misères de l'exil. Ces craintes minaient secrètement l'intrépide vieillard. Quand Ravinet entra dans sa chambre, il fut frappé de la pâleur et de la fatigue de Sombrefer, mais il n'en laissa rien paraître.

— Bonjour, ami, dit le malade en lui tendant la main.

Ravinet la serra affectueusement et salua Wilhelmine qui était debout près de son grand-père.

— Ma chère enfant, dit Sombrefer, laisse-moi seul un instant avec Ravinet et Marcus.

Quand ils furent seuls :

— Que pensez-vous de ma fièvre? dit-il au médecin.

— Qu'elle n'a rien de grave et que, dans trois jours, vous serez sur pied aussi bien que Marcus.

Le vieillard secoua lentement la tête.

— Ami, dit-il, ne cherchez pas à me tromper. Vous savez que la mort ne m'effraye pas. Je regrette de quitter mes amis, et surtout ce fils et cette fille qui ont rendu ma vieillesse si douce; mais j'ai vécu, j'ose m'en rendre le témoignage, de manière à ne pas craindre la mort. Parlez donc librement.

Marcus, tout en tenant la main de son grand-père dans les siennes, regardait avec anxiété le médecin. L'étudiant, faible encore et à peine guéri de sa blessure qui l'avait empêché d'assister au conciliabule des conjurés, rassemblait toutes ses forces pour résister au coup que l'âge de Sombrefer et sa pâleur lui faisaient prévoir. Ravinet les regarda quelque temps en silence.

— Mon vieil ami, dit-il enfin à Sombrefer d'une voix émue, je vous remercie de la confiance que vous avez en moi. J'en serai digne. A tout autre que vous, dire la vérité serait une cruauté; à vous, c'est un devoir. Celui qui a bien vécu ne doit pas craindre la mort. Vous n'avez plus que quelques semaines à vivre.

Marcus serra le vieillard dans ses bras, comme s'il eût voulu le disputer à la mort.

— Courage, mon cher Marcus, lui dit Sombrefer; tôt ou tard, nous devions être séparés. Remercions Dieu qui m'a permis de vivre avec vous assez longtemps pour que je pusse veiller sur ta sœur et sur toi. Je puis mourir tranquille; je laisse à Wilhelmine un frère qui saura la défendre et qui prendra soin de son bonheur. Tu me le jures?

— Oh! mon père, dit Marcus, peux-tu en douter?

— Je n'en doute pas, mon ami, mais je crains l'avenir, que Dieu seul connaît. Tu es engagé dans une grande et terrible entreprise. Demain, l'échafaud ou l'exil peut te séparer de Wilhelmine. Jure-moi de ne la quitter jamais avant qu'elle ait trouvé un mari digne d'elle.

— Je te le jure! s'écria Marcus, et si j'en crois les apparences, ce serment ne sera pas difficile à tenir.

— Que veux-tu dire? demanda le vieillard.

— Que, depuis un mois, notre ami Karl Brünner n'est pas demeuré vingt-quatre heures à Heidelberg, et, quelque amitié qu'il ait pour nous, ce n'est pas seulement le goût de la campagne ou des discussions philosophiques qui le retient à Dietz.

— Il aime Wilhelmine?

— Avec passion. Il me l'a dit hier, et m'a prié de te demander ton consentement.

— Et qu'en pense Wilhelmine?

— Cher père, dit Marcus, j'ai voulu te laisser le soin de l'interroger.

— Et toi-même, es-tu d'avis de l'accepter?

— Karl est le meilleur de mes amis; je le regarde comme un frère; comment pourrais-je le refuser? Depuis dix ans, nous avons fait ensemble les mêmes études, et je ne connais personne dont l'esprit et le caractère soient plus dignes de Wilhelmine. C'est une âme enthousiaste et généreuse, toute dévouée à la patrie et à la liberté. Il est déjà des nôtres. Ne penses-tu pas comme moi?

— Mon cher Marcus, dit Sombrefer, j'aime comme toi ce jeune homme, et tout ce que j'ai vu de lui fait honneur à son caractère ; mais, avant de me décider, je veux parler à Wilhelmine.

Brandt alla chercher sa sœur. Ravinet se retira discrètement et alla se promener dans la campagne avec le bon Karl, qui ne se doutait pas qu'on fût si près de décider son sort.

Quand la jeune fille entra, le vieux Sombrefer la prit dans ses bras, et, la regardant avec tendresse, lui dit :

— Ma bonne Wilhelmine, je t'ai trouvé un mari.

Elle rougit.

— Et qui donc? demanda-t-elle d'un air gai et indifférent.

— Karl Brunner, l'ami de ton frère,

— Es-tu si pressé de te débarrasser de moi? reprit-elle. Mon bon père, entre Marcus et toi, je n'ai rien à désirer.

— Est-ce que tu ne veux pas te marier?

— Je ne dis pas cela, cher père, et elle passa dans les cheveux blancs du vieillard une main caressante.

— Est-ce le mari qui te déplaît?

— Pas davantage. Karl est votre ami à tous deux ; il est fort savant pour un homme d'esprit, et fort spirituel pour un savant ; il parle très-bien de toutes choses et particulièrement de la *phénoménalité* et de la *contingence*, de l'*abstrait* et du *concret;* il connaît la route des astres et peut d'avance annoncer l'arrivée des comètes ; il distingue à merveille le plomb *carbonaté* du plomb *chromaté*, et le cobalt *sulfuré* du cobalt *arsenical;* il sait le français, l'anglais, le bas-breton et le sanscrit ; il distingue le *karen* qui est la langue qu'on parle à l'embouchure de l'Iraouaddy, du *kouki* qui est la langue des tribus qui habitent au nord et à l'est de Chittagong ; ce n'est pas lui qui confondra les Siamois, dont la tête est large et carrée, avec les Annamites, dont la tête est ovoïde et presque orbiculaire, ou avec les Binnas, dont la face est large et le front étroit.

— Que nous racontes-tu là? dit en souriant le vieux Sombrefer. D'où te vient à toi-même cette érudition?

— De Karl lui-même, cher père. Il ne m'a pas entretenue d'autre chose depuis un mois.

Brandt sourit en regardant Wilhelmine, de manière à lui prouver qu'il n'était pas dupe de ses paroles.

— Oui, monsieur mon frère, dit-elle, malgré votre air moqueur, votre savant ami ne m'a pas parlé d'autre chose, et c'est sans aucun doute à l'attention avec laquelle je l'écoutais que je dois l'honneur qu'il me fait de vouloir m'épouser. C'est fort mal à vous d'en douter.

— Bien, bien, dit Brandt, que ce soit ton attention ou autre chose qui l'ait séduit en toi, il t'aime passionnément, et m'a chargé de te demander en mariage à notre père. L'aimes-tu, ou non ?

— Je ne sais pas.

— Comment! tu ne sais pas?

— Assurément. Vous autres hommes, vous rencontrez une jeune fille blonde ou brune, qui n'est ni trop belle, ni trop laide, ni trop jeune, ni trop vieille, ni trop bonne, ni trop méchante ; vous la voyez assidûment pendant un mois, et tout d'un coup vous prenez feu, et vous dites : Je l'aime et je veux l'épouser. Cette méthode est bonne pour vous ; mais moi, j'aime à réfléchir, et je veux savoir à quoi je m'engage.

— Allons, dit Brandt, je vois bien que j'ai mal fait d'accepter la commission du pauvre Karl, et que je n'ai plus qu'à le prier de ne jamais remettre les pieds ici.

— Et qu'en sais-tu? dit Wilhelmine. Karl Brünner ne me déplaît pas. Si je ne l'aime pas encore, j'aime au moins qu'il m'aime. N'est-ce pas quelque chose? Qu'il attende encore un peu. Le reste viendra plus tard.

Wilhelmine ne disait pas tout. Elle aimait Karl d'un amour pur et profond, mais elle voulait l'éprouver. Elle pensait qu'on ne jouit vivement du bonheur qu'après l'avoir longtemps désiré. Elle voulait donc le faire attendre, et, depuis un mois, par le seul artifice d'une innocente coquetterie, elle savait donner des espérances au bon Karl, et l'étudiant, à bout de raisonnements et de discours, s'était vu réduit à ces conversations scientifiques sur la géologie, la cosmographie, la chimie, dont riait la malicieuse Wilhelmine.

Sombrefer devina la cause secrète des réponses évasives de sa petite-fille. En tout autre temps, cette coquetterie féminine l'eût fait sourire, mais la certitude d'une mort prochaine ne lui permettait pas de s'y arrêter.

— Ma chère Wilhelmine, lui dit-il d'un ton plein de tendresse et de gravité, je ne voudrais pas t'affliger, mais je ne puis pas te cacher la vérité. Je n'ai plus que quelques semaines à vivre.

— Oh ! mon père! dit Wilhelmine en l'embrassant, et ses yeux se remplirent de larmes.

— Ne pleure pas, reprit le vieillard avec calme. Je ne regrette rien ici-bas que vous deux, de qui j'aurais voulu voir le bonheur assuré; mais quel bonheur est assuré contre les coups du hasard ou de la Providence ? Marcus m'a promis solennellement de ne te quitter jamais avant que tu eusses trouvé un mari digne de toi ; mais les événements, plus forts que la volonté de l'homme, peuvent vous séparer, et je ne veux pas te laisser à la merci du hasard.

— Quoi ! cher père, êtes-vous résolu à me marier de gré ou de force?

— Tu sais bien le contraire, dit Sombrefer, et si la main que Marcus te présente ne te plaît pas, ni lui ni moi ne plaiderons sa cause ; mais si tu l'aimes, je serais heureux de te voir, avant de mourir, mariée à un honnête homme, dont tu connais et tu estimes aussi bien que nous l'esprit et le courage, et qui est le meilleur ami de ton frère.

— Eh bien, mon père, puisque vous me pressez si fort, je vais vous obéir. Faites appeler Karl Brünner ; quand vous le voudrez , je serai sa femme.

— Ne fais-tu qu'obéir? dit le vieillard. Tu sais, ma chère Wilhelmine, si je voudrais te contraindre en cela plus qu'en toute autre chose.

— Je sais, ô le meilleur et le plus aimable des pères, que vous ne voudriez pas affliger votre fille chérie, mais rassurez-vous, j'obéirai sans peine, et puisque vous me forcez de prendre une résolution, je n'aurais pas fait d'autre choix que celui que vous avez fait vous-même.

VIII

Désagréable surprise.

Quelques heures après cette conversation, l'heureux Karl revenait à Heidelberg pour hâter les démarches nécessaires à son mariage. Dans l'excès de son bonheur, il frappait avec sa baguette les arbres et les buissons de la route. Il sifflait des chansons à boire, levait les bras au ciel, improvisait des vers en l'honneur de sa belle fiancée, récitait les premiers vers grecs de l'*Iliade* d'Homère, et mettait en musique l'*Esthétique* de Hegel. Malheureux l'homme à qui le bonheur ne fait commettre aucune extravagance, et qui garde tous les jours de sa vie le sang-froid d'un sage et le flegme d'un gentleman! Celui-là n'est pas digne de vivre.

Karl Brünner était parti seul, il marchait d'un pas relevé, faisant mille rêves de bonheur. Il se voyait déjà pasteur d'une belle église de campagne, comme celle de Dietz par exemple; il habitait un presbytère charmant, entre cour et jardin; de vieux tilleuls donnaient à la cour de l'ombre et de la fraîcheur. Au rez-de-chaussée devait être la chambre du vieux Sombrefer, que Karl aimait comme un père; au premier, celle de Karl et de Wilhelmine; en face, celle de Marcus qui ne voulait pas se séparer de sa sœur; au fond du jardin, la bibliothèque et le cabinet de travail. Karl, déjà riche de l'héritage de son père, pourrait s'occuper librement des devoirs de sa charge, et secourir les pauvres et les malades de sa paroisse; il songeait aussi à faire des expériences d'agriculture qu'il comptait rendre publiques pour le bien de tous. Tranquille, honoré, entouré d'amis si chers, uni pour toujours à Wilhelmine, que pouvait-il désirer de plus?

Hélas! le bonheur est comme la coupe de Tantale; il fuit quand l'homme étend la main pour le saisir. Karl allait être cruellement éveillé d'un si beau rêve.

Comme il entrait dans sa chambre, il fut très-étonné d'y trouver Gertrude. Elle se leva d'un air triste.

— Ah! monsieur, dit-elle, quel affreux malheur!

— Qu'y a-t-il, ma bonne Gertrude? As-tu perdu quelque parent ou quelque ami? De quoi s'agit-il?

— Ah! monsieur, cet indigne Bauer!

— Eh bien, qu'a-t-il fait? Est-ce qu'il veut maintenant t'épouser? Je te conseille, ma chère enfant, de le laisser prendre femme ailleurs. Je le croyais laid, bossu, bancal et louche; je savais bien que c'était un malhonnête homme, mais ce n'est rien auprès de ce que j'ai découvert.

— Et quoi donc encore, monsieur?

— Ma chère Gertrude, il fait partie de l'honorable corps des agents de la police secrète.

— Ah! monsieur, je m'en suis doutée, et c'est pour cela que je suis venue vous avertir. Ce misérable toute la journée a rôdé autour de la maison, avec quelques autres coquins de son espèce qui sont bien connus et méprisés de tout le quartier. Le bruit court en ville que vous faites partie d'une société secrète que Bauer a découverte, et qu'il a fait son rapport ce matin.

— Ah! ah! pensa Karl, le drôle n'a pas perdu de temps. Ma foi, le Polonais avait raison. C'est une duperie de faire grâce à cette vermine, et si le hasard le place jamais sur mon chemin, je l'écraserai comme un serpent.

Tout en réfléchissant, l'étudiant ouvrit son secrétaire, prit l'argent qu'il contenait, — une centaine de florins environ, — et se prépara à sortir.

— Où allez-vous? dit Gertrude.

— Je n'en sais rien. L'important est de ne pas attendre qu'on vienne me saisir ici.

— Monsieur, dit Gertrude en baissant les yeux, j'ai quelque chose à vous proposer. Si vous marchez toujours devant vous sans savoir où vous allez, vous serez bientôt pris. Vous n'avez pas de passe-port; à la frontière vous serez arrêté. Quelque part que vous alliez, le télégraphe avertira la gendarmerie.

— Par Jupiter! dit Karl, tu as raison; c'est une chienne d'invention que le télégraphe.

Il pensa d'abord à retourner à Dietz; mais il craignit de compromettre son ami Brandt et d'effrayer Wilhelmine. Pendant qu'il délibérait, Gertrude s'enhardit peu à peu, et lui dit :

— Monsieur Brünner, je dois tout à vos bienfaits...

— Eh! ma chère enfant, tu ne me dois rien. Je suis presque riche, et j'ai été trop heureux de pouvoir t'obliger. Ne m'en remercie pas. D'ailleurs, le petit présent que je t'ai fait m'a porté bonheur. J'aime, ma bonne Gertrude, et je suis aimé.

— Ah! monsieur, dit Gertrude qui pâlit à cette confidence inattendue, vous en étiez bien digne. De quelle femme ne seriez-vous pas aimé?

Et, tout en parlant, elle faisait un triste retour sur elle-même, et regrettait l'occasion qu'elle avait perdue d'être aimée de l'étudiant. Le bon Karl s'en aperçut et se sentit ému de compassion.

— Tu voulais me proposer quelque chose, dit-il.

— Pardon, monsieur, j'avais oublié ce que je voulais dire. Le voici. Avec l'argent que vous m'avez donné, j'ai acheté un petit cabaret sur la route de Karlsrühe. C'est la dernière maison de Heidelberg, de ce côté-là. Il n'y vient que des soldats ou des ouvriers, mais ce sont de bonnes gens qui boivent bien quand ils ont bien travaillé, et qui me payent très-exactement. Ma maison est fort tranquille; on n'y voit jamais de querelle, et si vous voulez vous y cacher, rien n'est plus facile. Vous pourrez attendre quelque temps qu'on vous ait oublié, et que vos amis vous procurent les moyens de fuir en France.

— Ma bonne Gertrude, dit Karl en l'embrassant,

c'est la Providence qui t'envoie. Marche la première, je vais te suivre.

Gertrude descendit l'escalier et sortit dans la rue. Il faisait nuit, et Karl marchait derrière elle, lorsqu'un homme qui portait une lanterne sourde l'éleva à la hauteur du visage de l'étudiant, et s'écria :

— C'est lui, ne le laissez pas échapper.

Karl reconnut le traître Bauer. Au même instant, cinq hommes armés de bâtons, et qui se tenaient cachés, se jetèrent sur l'étudiant pour le saisir. Celui-ci, qui n'avait pas d'armes, se défendit avec vigueur, espérant s'échapper, grâce à l'obscurité. D'un coup de poing en pleine poitrine, il envoya Bauer et sa lanterne rouler dans le ruisseau. D'un coup de pied il repoussa l'un des agresseurs, et, sans perdre de temps, il s'élança la tête la première sur le second, qui tomba à la renverse. Le passage était libre, et Karl en profita pour fuir. Malheureusement, l'obscurité qui l'avait servi d'abord l'empêcha de reconnaître son chemin. Il s'engagea, toujours poursuivi par ses ennemis, dans une impasse où il fut forcé de s'arrêter et de leur faire tête de nouveau. Tous se jetèrent sur lui en même temps, le lièrent avec des cordes et le ramenèrent dans sa chambre. Bauer les suivait en poussant des gémissements; et Gertrude, qui avait fui d'abord, revint dès qu'elle vit le combat terminé. Elle espérait être utile à Karl.

— Eh! monsieur le docteur, dit en ricanant le chef des argousins, où donc alliez-vous si vite?

— De quel droit m'arrêtez-vous? dit Karl.

— Voyez l'innocent! dit l'argousin. Il croit être encore sur les bancs et disputer sur le juste ou l'injuste. Il faut donner des raisons à monsieur. Monsieur ne veut pas être arrêté sans savoir pourquoi. Monsieur le directeur de la police te donnera des raisons, cher ami.

Pendant qu'on fouillait dans ses papiers, Gertrude s'approcha de lui en pleurant.

— Ma bonne Gertrude, dit tout bas Karl, si tu as quelque amitié pour moi, cours à Dietz et préviens mon ami Brandt que je suis arrêté.

— J'y vais tout de suite, dit Gertrude.

Elle sortit aussitôt, et, sans faire attention à la nuit ni à la fatigue, elle partit pour Dietz.

Karl, devenu plus tranquille, regarda froidement ses gardiens disperser tous ses papiers, ouvrir tous ses tiroirs et feuilleter ses livres. Ils ne trouvèrent rien de ce qu'ils cherchaient. Karl n'était pas de ces gens sages et habiles qui conspirent par fanfaronnade, et qui font plus de bruit que de mal. Son portefeuille n'était pas rempli de ces listes de conjurés que la police du continent ne manque guère de découvrir dans toutes les conspirations. Après une heure de recherches inutiles, les agents de police le conduisirent chez M. le baron de Goldsberg.

M. le baron avait fort bien soupé et faisait doucement la sieste dans le boudoir de Katinka aux beaux yeux, lorsqu'on lui annonça l'arrestation de Karl. La belle Katinka, assise sur les genoux de son amant, faisait et disait mille folies pour l'égayer. Bauer, qui s'était chargé du message, entr'ouvrit la porte et montra sa tête cynique.

— Approche, animal, dit le baron.

Bauer entra en saluant jusqu'à terre. Katinka riait aux éclats.

— Monseigneur, dit l'espion, le poisson est dans la nasse.

— Eh bien! dit Katinka, qu'il y reste, et laisse-nous tranquilles. On ne peut donc pas digérer en paix. Va boire à l'office.

— Madame, dit humblement Bauer, je n'aurais pas osé interrompre la digestion de monseigneur, si monseigneur ne m'en avait lui-même donné l'ordre.

— Ce faquin raisonne, je crois, dit Katinka. Cher baron à la rouge trogne, dis-lui, je te prie, qu'il s'en aille, ou je vais le jeter par la fenêtre. Je suis une bonne fille, moi, et si j'ai pour toi des faiblesses, c'est mon affaire, mais je ne veux pas voir toujours entre toi et moi la figure de ce drôle.

— Sors d'ici, dit le baron à Bauer, et dis qu'on amène le prisonnier.

— Eh bien! ne vous gênez pas, cher baron, dit Katinka, faites ici comme chez vous; convoquez votre gendarmerie dans ma chambre à coucher, et faites-y comparaître tous les vagabonds de l'Allemagne.

— Allons, ma petite, dit Goldsberg, ne te fâche pas. Ce prisonnier n'est pas un vagabond ordinaire; c'est un docteur en théologie qu'on m'a recommandé spécialement; il a eu je ne sais quelle querelle avec un grand seigneur prussien, où le grand seigneur n'a pas eu le dessus; et, pour l'exemple, on m'a prié de le faire enfermer pendant quelque temps, deux ou trois ans au plus, dans une forteresse. Justement, il a eu la bêtise de se mêler de politique, et il conspire avec quelques étrangers sur lesquels ma police a depuis longtemps les yeux. Tu vois bien qu'on peut amener cet homme chez toi sans causer de scandale. Je vais l'interroger pour la forme, et demain je l'enverrai dans une forteresse fédérale.

— Qu'est-ce que c'est que cela, un docteur en théologie? demanda la curieuse Katinka. Ce doit être un animal curieux, quelque pédant en habit noir, avec un rabat, une mine sévère et une voix sépulcrale.

— Tu vas en juger toi-même. Je ne l'ai jamais vu et ne connais de lui que son nom.

Deux gendarmes entrèrent conduisant Karl Brünner qui avait les mains liées derrière le dos. Le col de la chemise était ouvert et laissait voir un cou blanc comme celui d'une femme. Sa figure, plus intelligente que régulière, était remplie de cette beauté virile que donnent le courage et le sentiment du droit. Ses yeux, encore animés du feu de la lutte qu'il venait de soutenir, brillaient d'un éclat qui força le baron de détourner la tête. Katinka ne put le voir sans admiration.

Outre les deux gendarmes qui étaient entrés avec Karl dans la chambre, deux autres gendarmes se promenaient dans l'antichambre où l'on entendait sonner leurs éperons. Dans la rue, au-dessous des fenêtres de l'appartement, attendaient quatre ou cinq autres gendarmes à cheval. On avait pris les mêmes précautions que pour un criminel d'État.

Le baron de Goldsberg était assis dans un fauteuil

Pompadour et affectait de se tourner à peine du côté du prisonnier. A côté du baron, Katinka, à demi couchée sur un canapé, regardait Karl avec une indifférence apparente. Au fond, avant même qu'il eût parlé, elle était de son parti. L'étudiant attendit avec le plus grand calme les questions de M. de Goldsberg, et, voyant qu'on le laissait debout, il s'assit.

Les deux gendarmes indignés de son audace se précipitèrent sur lui pour le forcer de se lever et de rester debout. A ce moment Katinka regarda le baron d'un air si significatif qu'il eut honte de la brutalité de ses hommes et de sa propre insolence, et fit signe qu'on laissât le prisonnier tranquille.

Les deux gendarmes se regardèrent stupéfaits; mais ce regard fut la première marque d'indiscipline qu'ils eussent jamais donnée à leur chef. Dix ans se sont écoulés depuis cette soirée, et j'ai la satisfaction de reconnaître qu'ils n'en ont jamais donné une seconde.

Le baron alluma un cigare, et parlant par-dessus l'épaule à Karl (certaines gens prennent l'insolence pour de la noblesse de manières) :

— Votre nom? dit-il.

— A qui ai-je l'honneur de parler? dit Karl d'une voix claire et calme.

Goldsberg rugit de colère :

— Mon cher, dit-il, vous interrogez au lieu de répondre. Vous ignorez où vous êtes, et la gravité des charges qui pèsent sur vous. Prenez garde ; on ne se tire pas d'affaire avec des paroles impertinentes. Gendarme, dites au prisonnier qui je suis.

— Prévenu, dit le gendarme, vous avez l'honneur d'être en présence de Son Excellence monsieur le directeur de la police de Heidelberg, baron de Goldsberg.

— Bien, répondit Karl. Veuillez dire maintenant à Son Excellence que je m'appelle Karl Brünner, docteur en théologie.

Ce sang-froid railleur mit en fureur le baron. Il vit bien qu'il ne serait pas aisé d'intimider son prisonnier, et il résolut d'employer les grands moyens.

— Savez-vous, dit-il à Karl en le regardant fixement, que je puis vous faire jeter dans un cul de basse-fosse, et que personne ne pourra vous en faire sortir sans ma permission ?

— Qui sait? répondit l'étudiant. On a vu des choses plus extraordinaires. Latude est resté trente-sept ans à la Bastille et il a vécu assez pour déshonorer ses geôliers. Vous pouvez être destitué, vous pouvez changer d'avis, vous pouvez avoir peur de mes amis ou de moi.

— Est-ce une menace? dit le baron.

— Je ne menace pas, monsieur le baron. Quel mal puis-je vous faire? J'ai les mains liées. C'est une série d'hypothèses que j'examine. Vous avez émis l'hypothèse que je serais jeté dans une basse-fosse, et moi j'émets l'hypothèse que vous serez destitué; une hypothèse est aussi probable que l'autre.

Jusque-là, Katinka aux beaux yeux était restée neutre; mais, à la physionomie du baron, elle comprit que Karl était fort compromis et qu'il était temps de faire une diversion en sa faveur.

— Mon cher baron, dit-elle d'une voix caressante, il faut excuser les réponses de M. Karl Brünner. Il est permis de montrer de la mauvaise humeur lorsqu'on a les mains liées derrière le dos.

Karl la remercia d'un regard qui alla droit au cœur de la pauvre fille. Le baron lui-même lui sut gré de cette intervention. Dans ce duel de paroles il n'avait pas eu l'avantage; il avait la prétention d'être fort spirituel et d'imiter les grâces et les heureuses reparties de Lauzun ou de Richelieu. Chacun sait que tout bon Allemand veut être léger, comme tout bon Français veut être profond. C'est un bruit général au delà du Rhin que toute la gloire de Voltaire lui vient de ses calembours. Le baron n'était donc pas fâché de reprendre haleine pour terrasser son adversaire. Il n'aimait pas à être humilié même devant ses deux gendarmes; cela pouvait nuire à la discipline et au maintien de la hiérarchie.

— Et bien! qu'on coupe ces cordes, dit-il négligemment. Il n'y a pas à craindre que le prisonnier s'échappe. Nous sommes au premier étage, et la rue est remplie de gendarmes.

— Monseigneur ignore peut-être... voulut objecter le plus hardi des deux gendarmes.

— Qu'est-ce que j'ignore, butor? Est-ce que ton colonel peut ignorer quelque chose, double brute?

Le gendarme se tut.

— Voyons donc, continua Goldsberg, puisque tu as commencé, achève ce que tu voulais dire. Je le sais d'avance, mais parle comme si je l'ignorais.

— Monseigneur, ce brigand a déjà voulu s'échapper de nos mains.

— Eh bien, dit Katinka, c'est son métier.

— Il a fallu cinq hommes pour le terrasser et le lier avec des cordes. Si nous le délions, il est capable de nous égorger tous.

— Assez causé, dit le baron. Déliez-le. Je suis curieux de voir si ce brave théologien est aussi terrible qu'on le dit.

Tout en parlant, et quoique Brünner fût sans armes, et que les deux soldats eussent le sabre à la main, il plaça prudemment une table entre le prisonnier et lui. Karl sourit en regardant Katinka, et d'un coup d'œil rapide envisagea les fenêtres et les gendarmes. La fuite était presque impossible, mais l'espérance est le dernier bien d'un prisonnier. Karl était beaucoup plus occupé de fuir que de répondre aux questions du baron.

Celui-ci, rassuré par les précautions qu'il avait prises et par la présence des deux gendarmes, commença l'interrogatoire.

— Où avez-vous passé la soirée d'hier? dit-il.

— Vous le savez mieux que moi, répondit l'étudiant.

— Ce n'est pas répondre. Assurément, je le sais; la police n'ignore rien, mais je veux de vous-même l'aveu de votre crime.

— Et s'il ne me plaît pas de parler?

— Prenez garde. Vous voulez traiter d'égal à égal, et vous oubliez que vous êtes sous le coup d'une accusation capitale.

— En vérité! dit Karl.

— Oui, mon cher. Vous avez conspiré, vous étiez hier avec des étrangers; vous vous teniez cachés, donc la réunion était secrète, donc elle était illégale; donc je pourrais vous faire pendre.

— Et qui vous dit que la réunion fût secrète?

— L'agent qui vous a surpris, et que vous avez voulu tuer.

— Et par quel prodige, dit Karl, a-t-il échappé à nos coups? Quoi! nous aurions engagé nos têtes dans une conspiration, et nous hésiterions à nous délivrer d'un espion qui nous gêne! Prenez garde, à votre tour, monsieur le baron, d'ajouter foi aux mensonges d'un homme qui a intérêt à vous tromper. Qui se fait espion, peut bien mentir pour de l'argent.

— Ma foi, dit Katinka, ce jeune homme a raison, et votre Bauer est un vilain drôle, un vrai gibier de potence.

— Paix! Katinka, dit Goldsberg. Vous ne savez ce que vous dites. Ce beau théologien ne m'en impose pas avec ses récriminations. Il ne s'agit pas de savoir si mes agents sont des saints ou de malhonnêtes gens, — celui qui remue l'ordure ne peut pas être propre, — mais si Bauer a menti ou non.

— Eh bien, dit Karl, quelle est la déposition de Bauer?

— Votre rôle, mon cher, est de répondre et non d'interroger.

— Je veux savoir de quoi l'on m'accuse?

— Cela est fort aisé. On vous accuse de conspirer.

— Pour qui? ou contre qui? Ai-je voulu rétablir le saint empire d'Allemagne avec les sept électeurs? Suis-je un jésuite déguisé, ou un disciple de Jean Huss? Ai-je voulu détourner le cours du Danube?

Le baron était fort mal à l'aise. Dans aucun pays du monde le témoignage d'un malhonnête homme, comme Bauer, ne suffit pour faire condamner un citoyen. L'espion, n'ayant pas compris un seul mot de ce qu'avaient dit les conjurés, ne pouvait donner aucun éclaircissement. Il allait donc être forcé de remettre Karl en liberté; cependant ses instructions étaient précises. Il ne pouvait pas refuser à son collègue de Berlin un service aussi facile à rendre que celui de mettre Karl en prison. Que dirait le comte de Schauenstein et toute l'aristocratie allemande, si l'on ne pouvait plus se débarrasser à si peu de frais d'un simple étudiant?

— Pardieu! pensa le baron, ces gens-là m'ont donné le chat par les pattes; je vais le leur remettre à eux-mêmes; qu'ils s'arrangent.

— Mons Brünner, dit-il en se tournant vers Karl, vous n'avez pas voulu répondre à mes questions qui sont toutes bienveillantes. Des explications franches et loyales, données à propos, pouvaient vous faire rendre la liberté. A présent même encore, si vous voulez seulement me dire les noms des personnes qui assistaient à la réunion d'hier, je vous promets que vous ne serez pas inquiété, et que vos amis eux-mêmes, quelque chose qu'ils aient faite, ne seront pas maltraités.

— J'en suis persuadé, dit Karl, mais j'ai peu de mémoire. Votre Excellence voudra bien excuser mon silence.

— Ainsi, vous refusez absolument de parler?

— Absolument.

— Songez bien aux conséquences de votre conduite.

— J'y ai songé.

— Mon cher ami, j'en suis fâché, mais votre obstination va vous coûter cher. Je n'ai sur vous aucun droit. Vous êtes Prussien, et j'ai de bonnes raisons de penser que vous ne conspirez pas moins contre Sa Majesté le roi de Prusse que contre Son

Altesse le grand-duc de Bade. Je vais vous renvoyer sous bonne garde à vos juges naturels, en Prusse.

— Par le Dieu vivant! dit Karl d'une voix éclatante, j'irai bien tout seul et sans escorte.

Et se levant tout à coup, il prit sa chaise à deux mains et décrivit autour de sa tête un moulinet formidable. Les deux gendarmes s'écartèrent avec précipitation aussi bien que le baron de Goldsberg, pendant que Katinka, ravie d'admiration et de joie, battait des mains en riant aux éclats. Karl, toujours armé de sa chaise, qui était fort lourde et dont un seul coup eût assommé un homme, s'élança vers la fenêtre. Il l'ouvrit précipitamment, prêt à sauter dans la rue. Au même moment, l'un des deux gendarmes lui porta un coup de pointe qui fit à l'étudiant une légère blessure. Karl indigné se retourna et, poussant sa chaise avec violence dans la poitrine de son adversaire, le renversa évanoui. L'autre gendarme, qui venait au secours de son camarade, recula effrayé. Karl, profitant de ce court répit, se pencha dans la rue, et regarda au-dessous de lui. La rue était pleine de gendarmes à cheval. Sans s'effrayer, il balança sa chaise dans le vide en criant de toutes ses forces :

— Gare dessous!

A ce cri, à ce bruit, les gendarmes levèrent la tête et virent à la lueur des lanternes le geste menaçant de l'étudiant. Les plus voisins de la fenêtre firent reculer leurs chevaux pour faire place à la chaise qui allait tomber. Karl la lança avec force, et en saisit une seconde dont la vue fit faire le vide en un instant. Tous les témoins de cette scène se demandaient avec étonnement quel était son dessein. Karl ne les laissa pas longtemps en suspens. Il jeta sa seconde chaise dans les jambes du gendarme qui était resté debout, et qui revenait sur lui. Le gendarme tomba, et l'étudiant, se suspendant par les poignets au rebord extérieur de la fenêtre, sauta dans la rue.

Il eut le bonheur de tomber sur ses pieds et sans se faire de mal. Aussitôt, les gendarmes de la rue poussèrent leurs chevaux sur lui. Il évita adroitement le choc, et, montant sur une borne, il ressaisit sa chaise à moitié cassée et en asséna un coup épouvantable sur le gendarme qui était le plus près de lui. Le cheval effrayé se cabre, et jette son cavalier à terre. Karl, sans hésiter, met le pied à l'étrier, presse des genoux les flancs du cheval, et part au grand trot.

Une foule nombreuse s'était amassée autour des gendarmes et de Karl, et faisait des vœux ardents pour le prisonnier. Est-ce sentiment du droit naturel? Est-ce dépravation de l'opinion publique? Il est rare que les prisonniers politiques, à quelque parti qu'ils appartiennent, n'excitent pas de très-vives sympathies. Outre la pitié qui s'attache ordinairement aux malheureux qui n'ont pas mérité leur malheur, Karl avait pour lui l'intérêt qu'excitent toujours la jeunesse et le courage. Il était fort aimé de ses camarades de l'université; plusieurs d'entre eux le regardaient du milieu de la foule et auraient volontiers favorisé sa fuite. Les femmes, si nombreuses partout où l'on s'attend à voir quelque spectacle extraordinaire, s'étaient amassées autour des gendarmes et ne contribuaient pas peu à ralentir et à gêner les mouvements de ces pauvres soldats. Quand on vit Karl à cheval, ce fut un cri de joie unanime. Les femmes battaient des mains et s'écartaient pour lui faire place. Les hommes eux-mêmes, quoique moins enthousiasmés, l'applaudissaient. Tout le monde sait l'influence que le courage exerce toujours sur le peuple. Karl, nu-tête, les cheveux rejetés en arrière par le vent, les yeux brillants de joie et d'espoir, parut à tous les spectateurs un héros.

Au moment même où il se mettait en selle, le baron de Goldsberg parut à la fenêtre et cria d'une voix qui dominait le tumulte : « Arrêtez cet homme! Prenez-le mort ou vif! »

Les gendarmes se précipitèrent sur les pas de Karl pour exécuter l'ordre de leur chef; mais déjà l'étudiant était loin. Encouragé par les marques de sympathie visible que lui donnait la foule, il l'avait traversée sans accident; avec la rapidité d'un éclair, il tourna le coin de la rue et disparut dans l'obscurité. Les gendarmes voulurent le suivre; mais la foule qui avait fait place au fugitif s'était refermée derrière lui. Des camarades de Karl, qui étaient mêlés parmi les assistants, profitèrent du tumulte pour placer en travers de la rue une voiture de roulier qui avait été dételée. Cet obstacle arrêta un instant les ennemis de Karl. Les femmes, effrayées par le piétinement des chevaux, poussaient des cris aigus et se plaignaient d'être écrasées; les hommes les secondaient de leur mieux et repoussaient rudement les gendarmes; les étudiants, pour augmenter le tumulte, s'avisèrent de crier : au voleur! au feu! d'imiter le chant du coq, les aboiements du chien, le son de la trompette. Les bons bourgeois se mettaient aux fenêtres en bonnet de nuit et en chemise, et tremblaient pour leurs maisons. Ce fut pendant dix minutes un bruit épouvantable au milieu duquel le baron de Goldsberg voyait son autorité méconnue. Derrière lui, les deux gendarmes s'étaient relevés tout meurtris, et, effrayés de la colère de leur chef, ils s'effaçaient le long de la muraille, droits et raides comme ces perches auxquelles on attache les fils du télégraphe. Katinka riait et battait des mains, sans s'inquiéter de la fureur du baron de Goldsberg. Celui-ci se promenait dans la chambre, les mains croisées derrière le dos, le front soucieux, la tête penchée sur la poitrine, à la façon de Napoléon. Tout à coup, il s'arrêta court devant les deux gendarmes. Ceux-ci, par un mouvement machinal, lui firent le salut militaire.

— Imbéciles ! leur dit-il d'une voix brève et saccadée.

— Excellence ! dirent-ils tous deux en même temps.

— Sortez !

Les deux pauvres diables sortirent la tête basse, comme des lévriers qui ont laissé échapper un lièvre.

— Et vous, Katinka, continua le baron, soyez plus sérieuse, je vous prie. Ces éclats de rire sont fort déplacés dans un si triste accident.

— De quel accident parlez-vous? répondit-elle. Vous faites saisir un docteur en théologie. Vous voulez l'envoyer en prison. Il glisse entre vos mains comme une anguille. Que voyez-vous là de si triste?

— Et ne vois-tu pas, folle, que cette évasion me perd d'honneur, qu'on dira que ma police est mal faite, que je l'ai laissé fuir; que je suis son complice. Cette affaire peut me coûter ma place et mes appointements.

— Oh! oh! la chose devient grave. Et quel motif avez-vous de haïr ce jeune homme? Est-ce qu'il a vraiment conspiré?

— Je l'espérais; je l'espère encore, mais je n'ai pas de preuves. Cet imbécile de Bauer qui l'a suivi n'a rien compris à ce qui se disait. Il ne connaît que l'allemand, et l'on a parlé français.

— Eh bien, laissez-le tranquille.

— Tu en parles fort à l'aise. Mon rapport était prêt, j'annonçais une conspiration; ma conspiration manque. Voilà mon rapport à vau-l'eau. On se moquera de moi.

— Bah! ce ne sera pas la première fois.

— Katinka, ma chère, vos paroles sont fort inconvenantes.

— Et que voulez-vous qu'on vous dise? Vous voilà fort en colère parce que vous ne pouvez pas faire conspirer des gens qui peut-être s'assemblaient pour boire du punch ou de la bière de Bavière. Il y a des malheurs plus grands que celui-là. Est-il donc si nécessaire de faire pendre les gens ?

— Tu ne t'y connais pas, mon enfant. L'autorité est le salut des États. D'où vient l'autorité ? De la crainte. Pour se faire craindre, un bon gouvernement doit faire un exemple, de temps en temps, — cela prévient les séditions populaires et apaise à merveille les esprits les plus frondeurs.

— De sorte que M. Brünner devait servir d'exemple.

— Précisément. D'ailleurs, je te l'ai dit, on me l'a recommandé d'autre part. Il a offensé un grand seigneur de Berlin dont le frère est directeur général de la police prussienne.

— A merveille. Et c'est vous qui vengez les injures du Prussien ?

— Comme il vengera les miennes dans l'occasion. Nous avons aussi notre franc-maçonnerie.

— Et comment appelez-vous ce Prussien ?

— C'est le comte de Hohenzollern-Schauenstein.

— Ce colonel de cuirassiers qui est si amoureux de lui-même ?

— Tu l'as dit. C'est un fat, mais songe, ma

chère, qu'il est cousin d'un agnat de Sa Majesté prussienne.

— Cousin d'un agnat! C'est tout dire, et je ne m'étonne plus de votre complaisance... Qu'est-ce qu'un agnat?

— C'est un héritier collatéral.

— Collatéral! En vérité, cela est admirable. Monsieur le comte de Hohenzollern-Schauenstein est donc cousin d'un héritier collatéral du roi de Prusse?

— Tu l'as dit.

— En un mot, c'est le cousin d'un cousin; et, comme dit le proverbe, les cousins des cousins sont cousins, ou, comme disait mon premier amant, qui était un géomètre fort habile, *deux quantités égales à une troisième sont égales entre elles*. Le roi de Prusse et le comte de Schauenstein étant tous deux cousins de l'agnat, sont cousins entre eux.

— Parfaitement raisonné, petite. Tu n'as pas perdu ton temps avec le géomètre. Comment l'as-tu quitté?

— Comme je vous ai pris, par bêtise. Ce pauvre garçon était savant comme un dictionnaire; il avait inventé je ne sais combien de machines à vapeur, de tournebroches, de souliers sans couture; il avait trouvé la quadrature du cercle; il était musicien comme Mozart et Beethoven. Pour tant d'inventions, il ne lui manquait qu'une chose.

— Quoi donc?

— De savoir les exploiter. Jamais il n'avait eu dix thalers réunis ensemble dans sa poche. Je l'aimais comme une folle; j'ai vécu six mois avec lui, jeûnant tous les jours, mais chantant, riant, espérant. Un jour, le pain manqua tout à fait; la viande, le vin et la bière manquaient depuis longtemps; je l'embrassai tendrement, et je m'en allai. Depuis ce temps j'ai dîné régulièrement, et fort bien, avec des Russes, des Polonais, des Autrichiens, et aujourd'hui avec vous; mais je m'ennuie.

— Comment! tu t'ennuies?

— C'est la pure vérité, cher baron; et, tout à l'heure, si je me suis intéressée à cet étudiant, c'est qu'il ressemblait beaucoup à mon ancien ami le géomètre.

— Et tu oses me l'avouer, coquine!

— Pourquoi non? Sommes-nous mariés? Vous êtes riche et baron; moi je suis jeune et belle. Ma bauté ne vaut-elle pas votre baronnie? Qu'on nous exile tous deux de Bade, vous ne serez directeur de la police nulle part; je serai, moi, belle partout.

Je ne veux pas rapporter le reste de la conversation de M. le baron de Goldsberg et de Katinka aux beaux yeux; ce récit ne serait pas digne de la majesté de l'histoire. Il suffit qu'on sache que les deux amants eurent une violente querelle, que le baron furieux battit sa maîtresse, et que celle-ci lui brisa sur la tête un vase de porcelaine du Japon; que les domestiques accoururent pour les séparer et reçurent des horions qui ne leur étaient pas destinés, et que M. le baron, persuadé que Karl était plus cher à Katinka qu'elle ne voulait l'avouer, donna les ordres les plus sévères pour que l'étudiant lui fût amené mort ou vif.

Pendant ce temps, que faisait notre héros? Il galopait dans les rues de Heidelberg, protégé par le désordre même dont il était cause. Il arriva bientôt dans la campagne. Sa fuite avait été si prompte qu'il n'avait même pas songé à la route qu'il devait prendre. Il réfléchit que l'avance qu'il avait gagnée sur ceux qui le poursuivaient ne serait pas de longue durée, qu'on suivrait plus aisément les traces d'un cavalier que celles d'un piéton; il mit pied à terre, attacha son cheval à un arbre, et s'enfonça dans un bois qui bordait la route. Persuadé qu'on le chercherait sur la route de France, par où il était naturel qu'il s'échappât, il suivit la direction opposée, et, par une heureuse rencontre, se trouva bientôt sur la route de Dietz.

Il n'eut pas plus tôt fait un quart de lieue qu'il entendit galoper des chevaux, et résonner des sabres dans le fourreau. Il se cacha derrière un arbre et attendit en silence que les hommes qui le cherchaient eussent passé. A quelques pas de lui, un officier qui les commandait fit halte, et ses hommes l'imitèrent.

— Pardieu! dit l'officier, voilà de belle besogne. Ce coquin d'étudiant doit être en France s'il court toujours de la même vitesse. Je ne veux pas estropier mon cheval. Rentrons à la caserne.

Les cavaliers tournèrent bride et reprirent le chemin de Heidelberg. Karl respira. Il avait craint que les cavaliers n'allassent le chercher jusqu'à Dietz, dans la maison de Wilhelmine.

Il poursuivit sa route, résolu d'aller à la rencontre de Gertrude, de lui apprendre son évasion, et par elle à tous ses amis, et d'attendre les conseils et les secours du sage Ravinet. Il n'alla pas bien loin sans entendre une voix qu'il reconnut aussitôt. C'était justement celle du médecin français. Gertrude l'accompagnait. Karl s'avança et tendit la main à son ami. Gertrude poussa un cri de frayeur.

— Qui vive? dit Ravinet d'une voix forte. Et il arma un pistolet.

— Est-ce ainsi que vous accueillez vos amis? dit Karl.

— Par ma bonne dague de Tolède, dit gaiement Ravinet, d'où sortez-vous, mon cher Brünner?

— Des mains de M. le baron de Goldsberg.

— Quoi! ce vieux reître vous a mis en liberté?

— A peu de chose près, dit l'étudiant. Et il raconta l'histoire de sa fuite.

Ravinet était transporté de joie.

— Je suis ravi, très-cher, lui dit-il, que vous ayez su si bien vous tirer d'affaire; mais ce n'est pas tout : il faut sortir du grand-duché et gagner la France. Sans cela, point de salut.

— Et Wilhelmine?

— Mon bon Brünner, dit le médecin, croyez-moi, partez d'abord. Soyez libre aujourd'hui, plus tard vous serez heureux. Chaque chose vient en son temps à qui sait attendre. On vous aime; que craignez-vous?

— Ce que craint tout homme qui aime. Schauenstein peut revenir; Brandt peut être inquiété par la police et forcé de fuir; la maison est écartée et mal défendue contre une attaque de nuit; Wilhelmine elle-même peut m'oublier.

— Le ciel aussi, dit Ravinet, peut tomber sur nos têtes. O cervelle amoureuse! vous croyez aimer la patrie, la liberté, la justice, et vous n'aimez que l'amour. Le monde entier pour vous est dans les beaux yeux de votre fiancée. Eh bien! rassurez-vous, elle vous aime plus que vous ne le méritez et n'aimera jamais que vous. Quand Gertrude est arrivée à Dietz, et qu'elle a raconté votre malheur, la belle Wilhelmine a pâli; elle retenait ses larmes; elle vous aime. Allez donc avec courage et soyez heureux, jamais femme plus digne d'être aimée n'est échue en partage à un honnête homme.

— Elle m'aime! s'écria Karl dans un transport d'enthousiasme qui fit sourire Ravinet et qui frappa au cœur la pauvre Gertrude. Elle m'aime! Vous l'entendez, resplendissantes étoiles, mondes sans fin, elle m'aime!

Et il leva les bras au ciel.

— Je prends à témoin, continua-t-il, ce Dieu qui nous entend et qui punit les parjures, ces montagnes éternelles qui voient le Rhin depuis tant de siècles couler à leur pied dans la plaine, ces forêts antiques, débris d'un autre âge, ces ruines des vieux châteaux que construisirent les guerriers de Charlemagne, je prends à témoin la nature entière que je serai digne de cet amour, et qu'un jour Wilhelmine entendra répéter mon nom par tous les échos de la vieille Allemagne. Je jure qu'elle sera fière un jour de m'avoir aimé.

Les trois voyageurs arrivèrent bientôt au cabaret de Gertrude. Il était déjà minuit. Au bruit que fit Gertrude, sa mère ouvrit la porte.

— Eh bien, coureuse, cria-t-elle d'une voix aiguë comme les dents d'une vieille scie, qu'as-tu fait dehors toute la soirée? Est-ce le devoir d'une honnête fille de courir les champs à minuit?

— Silence, mère, dit Gertrude, n'attirez pas l'attention des voisins sur ces messieurs que j'amène avec moi.

— Avec toi, malheureuse! Est-ce que ma maison est faite pour servir d'asile à tous les vagabonds du pays? Est-ce la conduite que devait tenir la fille de ta mère? Est-ce l'exemple que je t'ai donné?

— Au nom du ciel, ma mère, dit Gertrude avec impatience, ne parlons pas de l'exemple que vous m'avez donné, ni de la manière dont je l'ai suivi. Il s'agit de cacher, cette nuit, M. Karl Brünner, notre bienfaiteur, qui est en danger de mort.

— Ah! dit la vieille femme un peu radoucie, qu'il entre.

Les deux amis et Gertrude profitèrent de la permission. Ils montèrent tous trois dans une chambre haute qui était celle de Gertrude. La bonne fille fit asseoir ses compagnons de voyage et leur donna du pain, du vin, du jambon et du tabac. Ce secours venait fort à propos pour Karl qui n'avait pas mangé depuis le matin, et que tant d'événements et de fatigues avaient fort affaibli. Pendant qu'il mangeait et buvait, Ravinet lui fit un récit succinct de ce qui s'était passé à Dietz quand Gertrude y apporta la triste nouvelle. Wilhelmine et le vieux Sombréfer étaient désespérés, mais Marcus Junius Brutus Brandt, à peine guéri de sa blessure, avait promis de délivrer Karl avec le secours de Ravinet.

— Bon Marcus! dit Karl plein de joie.

Il avait été décidé que Ravinet reviendrait le premier à Heidelberg, préparerait les moyens d'évasion; que, le lendemain, Brandt irait le rejoindre, et qu'avec le secours du Polonais Radzynsky, toujours prêt à la bataille, on délivrerait Karl de gré ou de force.

— Mais, puisque vous voilà, dit le médecin, le plus difficile est fait. Il ne s'agit plus que de n'être pas repris. En voici les moyens.

Et il lui donna une paire de pistolets qu'il portait à la ceinture.

— Et vous, dit Karl, ne craignez-vous pas quelque aventure semblable à la mienne?

Le Français sourit.

— Croyez-vous, dit-il, que je n'aurais pas été arrêté avant vous si la police de M. le baron de Goldsberg avait osé mettre la main sur moi? Je suis un vieux routier, qu'on redoute et qu'on n'osera jamais attaquer en face. Que peut contre moi votre baron? Je ne suis pas sujet de Bade; je ne conspire pas contre le grand-duc, je ne me soucie pas plus de lui que du roi de Wurtemberg ou de l'empereur d'Autriche. Je viens de Paris pour donner le mot d'ordre aux républicains allemands; qui le sait? Si on le sait, qui le prouvera? Je n'écris jamais, je parle rarement, je n'ai confiance qu'en ceux que j'ai vus à l'œuvre et qui ont souffert et combattu pour la liberté. Si j'étais Allemand, les tribunaux de la confédération germanique m'auraient bientôt envoyé dans la forteresse de Rastadt; qui veut condamner n'a pas besoin de preuves; mais un Français ne peut pas disparaître subitement sans que ses parents ou ses amis fassent des recherches. A défaut de parents ou d'amis, les journaux publieraient mon histoire. Ce seraient des criailleries sans fin jusqu'à ce qu'on m'eût fait mettre en liberté. Pour moi, ami, je ne crains rien. Tout au plus, pourrais-je être tué dans quelque rencontre de nuit, mais ce sont les chances de la guerre; on ne fait pas d'omelette sans casser des œufs. Adieu, tenez-vous prêt. Demain soir, Brandt, Radzynsky et moi, nous viendrons vous chercher. Jusque-là, cachez-vous et soyez patient.

Ravinet se leva et sortit.

— Ma bonne Gertrude, dit Karl, comment pourrai-je reconnaître le service que tu viens de me rendre?

— Ne parlons pas de cela, M. Karl, répondit-elle, suivez seulement les avis de votre ami. Je suis trop heureuse de pouvoir faire quelque chose pour vous qui avez tant fait pour moi. Dormez tranquillement jusqu'au jour; j'aurai soin que personne ne vous dérange.

Elle descendit, plus triste qu'elle ne voulait le paraître. La pauvre fille ne pouvait se consoler d'avoir perdu par sa faute tout espoir de bonheur. Le présent de Karl l'avait sauvée de la misère, mais elle pleurait et se désespérait en pensant à l'indigne amant qu'elle avait choisi; elle maudissait ce malheureux enfant qui allait bientôt naître et à qui elle n'oserait jamais avouer sa honteuse origine.

— Hélas! pensait-elle, sans ma folie, je serais aujourd'hui une honnête fille, respectée de tous, aimée peut-être de quelqu'un.

Et involontairement elle pensait au bon Karl qui avait été si près de l'aimer.

Quand elle eut rejoint sa mère, la vieille femme l'accabla de questions auxquelles Gertrude répondit en peu de mots pour ne compromettre ni son hôte ni Ravinet.

— Toujours des secrets! lui dit sa mère; le mystère t'a bien réussi. Tu caches des hommes dans ta chambre; tu t'exposes aux recherches de la police; tu feras fermer ton cabaret; tu nous mettras sur la paille. Si je faisais mon devoir de mère, j'irais dénoncer moi-même ce bel étudiant qui sera cause de notre ruine.

Jusque-là, Gertrude avait subi en silence les questions et les querelles de sa mère. Au mot de dénoncer, elle fut saisie d'indignation et de colère.

— Et moi, dit-elle, si vous dénoncez M. Brünner, je vous abandonne à la misère d'où il nous a tirées toutes deux. Vous vivrez et vous mourrez seule; je vendrai cette maison qui me vient de lui, et j'irai si loin que vous n'entendrez jamais parler de moi.

Cette menace effraya la vieille.

— Tu peux dormir tranquille, dit-elle; ce que j'en ai dit n'était que pour t'éprouver.

Les deux femmes se couchèrent.

Le matin, Karl s'éveilla au bruit des verres. Des ouvriers et des soldats étaient déjà attablés dans le cabaret. L'étudiant ouvrit la fenêtre et regarda dans la campagne. Le soleil levant éclairait les prairies et la pointe des arbres. Malgré la saison déjà avancée, les rossignols chantaient encore sur la cime des chênes. Karl se sentit heureux et remercia le ciel qui l'avait protégé en tant de rencontres. Sa seconde pensée fut pour la belle Wilhelmine.

— Par le ciel, se dit-il, j'ai vu des gens heureux, mais qui l'a jamais été plus que moi? J'aime la plus belle fille de l'Allemagne, et j'en suis aimé; j'ai pour ami les hommes les plus intrépides et les plus dévoués; je ne suis ni pauvre, ni malade; j'ai des ennemis que je ne crains pas, et dont la haine est comme l'assaisonnement de mon bonheur. Vive la vie! vive la Providence!

Au milieu de ses pensées, il entendit un des buveurs qui étaient dans le cabaret parler à Gertrude. C'était un sergent d'infanterie.

— Où donc étiez-vous, hier au soir, la belle enfant?

A l'accent du sergent, Karl comprit qu'il se croyait beau et qu'il se tordait la moustache entre le pouce et l'index.

— J'étais malade, dit Gertrude.

— Vous avez manqué un beau spectacle, dit le sergent.

— Est-ce qu'il y avait des marionnettes, hier?

— Des marionnettes? Oui, et de plus d'une espèce. Un farceur d'étudiant, qu'on avait arrêté, s'est échappé des mains des gendarmes qui le tenaient.

— Et qu'est-ce qu'il avait fait? demanda Gertrude d'une voix indifférente.

— Que sais-je? On dit qu'il s'était mêlé de politique, mais je crois, entre nous, — ici le sergent baissa la voix et Karl comprit qu'il clignait de l'œil et qu'il prenait un air fin et malicieux, — que le directeur de la police l'a saisi chez sa maîtresse, et que c'est la vraie cause de son arrestation. C'est une belle fille, Mlle Katinka, et, ma foi, à la place de l'étudiant...

— C'est bon, dit Gertrude, on ne vous demande pas, monsieur le sergent, ce que vous auriez fait.

— Ah! belle enfant, vous serez donc toujours cruelle.

Ici Karl comprit que le sergent prenait un air mélancolique.

— Et l'étudiant, reprit Gertrude, sait-on ce qu'il est devenu?

— Certainement, on est sur sa trace. On a déjà retrouvé le cheval d'un gendarme qu'il avait pris pour s'enfuir.

— De quel côté est-il parti?

— Du côté de la France. Tous les postes sont avertis sur la frontière, et il n'échappera pas.

— Ah! le vaurien, dit Gertrude, c'est bien fait.

— Au reste, cela m'est fort égal. Que le baron le prenne ou le manque, le vin n'en sera ni plus ni moins cher, n'est-ce pas, la belle enfant?

Karl entendit un léger débat. Le sergent prenait Gertrude par la taille et voulait l'embrasser. Gertrude résistait avec succès. Il n'y a pas de fille qui sache mieux se défendre que celle qui ne s'est pas assez défendue.

— Laissez-moi, dit-elle enfin, ou je vais appeler ma mère.

— Suffit, dit le sergent; je m'incline et j'obtempère; mais chantez-nous du moins quelque chose.

Gertrude se fit un peu prier, mais tous les assistants s'étaient joints au sergent; elle chanta en bon allemand la chanson que voici :

« Belle fille aux yeux bleus et aux cheveux noirs, au sein blanc et rond, à la taille fine et coquette, donne-moi ton amour, ton amour nuit et jour.

« Nenni, mon bel étudiant, tu n'auras pas mon amour, mon amour nuit et jour.

« J'ai trois bateaux sur le Rhin; le premier est plein de jambons, le second est plein de sel, le troisième est plein de vin. Donne-moi ton amour, ton amour nuit et jour.

« Vos trois bateaux sont sur le Rhin; le premier est plein de jambons, le second est plein de sel, et le troisième plein de vin, mais j'aime mieux mon tambour; il aura toujours mon amour nuit et jour. »

Quand Gertrude eut fini de chanter, le sergent applaudit avec enthousiasme, ainsi que tous les assistants. Dans tous les pays où l'on aime vraiment la musique, on s'inquiète peu des paroles et du sens de la chanson. Celle de Gertrude n'était à proprement parler qu'une douce et mélancolique mélopée, comme on en trouve beaucoup sur la frontière de Lorraine.

Peu à peu le cabaret se vida et de nouveaux hôtes remplacèrent les premiers. Gertrude en profita pour laisser à sa mère le soin de les servir et pour monter à la chambre de Karl. Elle le fit déjeuner et déjeuna elle-même près de lui. La conversation fut très-gaie.

— Qu'est-ce que ce sergent pour qui tu as chanté tout à l'heure? dit Karl.

— Oh! monsieur Brünner, dit Gertrude, je n'ai chanté ni pour lui ni pour personne en particulier; mais mes pratiques me demandent quelquefois de chanter, et je ne peux pas leur refuser. Elles disent qu'elles trouvent le vin meilleur.

— Y a-t-il longtemps que tu connais ce sergent?

— Oui, monsieur. Il me persécute pour m'épouser. Il n'a plus qu'un mois de service à faire. Quand il aura son congé définitif, il dit qu'il m'aime par-dessus tout, et qu'il m'épousera malgré tout, et malgré moi-même.

— Et toi, qu'en penses-tu?

— Moi? monsieur Karl. Rien. Ma mère le protége et dit qu'il faut que je le prenne pour mari; que j'ai besoin d'un homme qui me défende contre les insultes qu'un ivrogne peut me faire dans ce cabaret si loin de la ville.

— Eh bien, ma chère Gertrude, il faut le prendre. Il n'y a pas de meilleur mari qu'un ancien soldat; il a l'habitude de l'obéissance. Va, ma chère, tu ne seras pas malheureuse.

— Et mon enfant?

— Ton enfant, s'il doit vivre, ne te saura pas mauvais gré de lui avoir cherché un appui. Quant au sergent, si tu ne l'épouses qu'après tes couches, de quoi pourra-t-il se plaindre? Tu ne l'auras pas trompé, et, s'il t'aime véritablement, il ne s'arrêtera pas pour si peu de chose. Les soldats ne sont pas difficiles sur cet article.

Quelques heures après cette conversation, Karl, caché derrière le rideau de la fenêtre, aperçut le traître Bauer qui rôdait autour de la maison.

— Encore cet espion! pensa-t-il. S'il a le malheur d'entrer chez Gertrude, il est mort.

Et il plaça ses deux pistolets sur une table, à portée de sa main.

Bauer entra. Ce misérable, acharné à la perte de l'étudiant, avait déjà visité secrètement Dietz et le logement de Karl sans y trouver aucune trace de son retour. Il soupçonnait que Gertrude, qu'il avait rencontrée la veille chez notre héros, pouvait bien lui donner asile, et il venait s'en assurer.

La jeune fille, en le voyant, ne put retenir un mouvement de frayeur et de dégoût; mais l'espion ne parut pas s'en apercevoir. Il s'assit et demanda du vin.

— Monsieur, lui dit-elle, je n'ai pas de vin pour vous ni pour les misérables de votre espèce.

— Voyons, belle Gertrude, lui dit-il, ne sois pas si cruelle avec moi; tu ne l'as pas toujours été.

A ce souvenir, la pauvre Gertrude fut saisie d'indignation.

— Monsieur Bauer, dit-elle, épargnez-moi ce souvenir. Il n'y a plus rien de commun entre nous. Je vous hais et je vous méprise.

Bauer ne voulait pas sortir. Il regardait autour de lui avec soin, et ses yeux vairons, habitués à sonder la profondeur des murs, se tournaient sans cesse vers l'escalier qui conduisait à la retraite de Karl.

— Ma belle Gertrude, dit-il d'un ton pénétré, vous me faites expier bien cruellement mon crime. Il est vrai que je vous aime et que je vous ai trompée. Il est vrai que j'ai paru vous abandonner; mais si vous pouviez connaître la raison véritable de cet abandon, vous auriez pitié de moi, Gertrude, vous ne me haïriez pas. J'ai été jaloux, chère amie, et j'ai cruellement souffert de cette jalousie.

Tout en parlant, il feignait de supplier, et ses yeux imploraient sa grâce. De son côté, Gertrude, qui n'était pas dupe de son prétendu repentir, songeait à lui tendre un piége. Elle le regarda doucement et lui dit :

— Et de qui pouviez-vous être jaloux, Bauer?

— De qui, sinon de cet étudiant qui vous avait prise sous sa protection, de M. Karl Brünner.

Ce nom que Gertrude attendait n'en fit pas moins sur elle une impression pénible. Elle vit tous ses soupçons justifiés. Aussi redoubla-t-elle de douceur et de grâce.

— Et maintenant, dit-elle, vous n'êtes plus jaloux, je pense? Vous savez bien qu'il ne m'a jamais aimée?

Malgré elle, sa voix était remplie d'une tristesse sincère. Le bon Karl, qui derrière la porte écoutait la conversation, en fut touché. Il sentit qu'il n'aurait dépendu que de lui que la pauvre fille n'eût jamais appartenu à ce Bauer, et il en fut attristé. Il n'y avait dans cette compassion aucun regret. L'étudiant aimait trop Wilhelmine pour s'inquiéter de la pauvre Gertrude, mais il la plaignait.

Bauer s'applaudissait de sa ruse.

— Quelle chose singulière, pensait-il; voilà une fille que je n'aime pas, que j'ai mortellement offensée, à qui j'ai fait un mal irréparable, et qui, au premier mot d'amour, revient à moi. Si je le voulais, dans un instant elle redeviendrait ma maîtresse. Pardieu! il faut que j'en fasse l'expérience.

Il jeta un coup d'œil furtif dans un miroir cassé qui était suspendu au-dessus de la cheminée, rajusta le col de sa chemise et passa la main dans ses cheveux jaunes. Ces préparatifs terminés, il se rapprocha de Gertrude, qui comprit son dessein et qui regarda l'espion avec un mépris inexprimable; mais ses lèvres souriaient et laissaient voir des dents blanches et bien rangées. Bauer, trompé par ce sourire, lui prit la main d'un air agréable, et l'embrassa. Elle se dégagea de ses mains et monta rapidement l'escalier qui conduisait à la chambre où Karl se tenait caché. Bauer, se croyant provoqué, s'applaudit du succès de sa ruse et monta l'escalier à son tour. Le cabaret était désert; la mère de Gertrude était allée causer chez les voisins; Gertrude n'hésita plus, elle ouvrit la porte de la chambre et entra brusquement. Bauer la suivait en courant et étendit les bras pour la saisir, mais la porte se referma derrière lui et il se trouva face à face avec Karl.

Celui-ci appuya un pistolet sur la poitrine de l'espion.

— Si tu cries, tu es mort.

Bauer devint pâle de frayeur.

— Ah! perfide, tu m'as trahi.

— Qui parle de trahison? dit l'étudiant d'une voix terrible. Veux-tu, misérable, que je fasse sur toi un exemple, et que je te donne à manger aux chiens?

Bauer, hébété de frayeur, n'osa plus dire un

mot. Instinctivement, il regarda autour de lui et du côté de la fenêtre.

— Coquin, dit Karl, je te retrouverai donc partout? A quelle potence veux-tu que je le pende, Gertrude?

— A celle qui vous plaira, monsieur Brünner, pourvu que je ne le revoie jamais.

Bauer étendit les bras vers son ancienne maîtresse, et voulut implorer sa pitié.

— Au premier geste, au premier cri, dit l'étudiant, je te fais sauter la cervelle.

— Grâce! grâce! monsieur, dit Bauer, ne me tuez pas; je vous serai tout dévoué; je vous servirai jusqu'à la mort.

— Gertrude, dit l'étudiant sans changer de position, donne-moi une corde et une serviette.

En quelques minutes l'espion eut les pieds et les mains liés avec une forte corde. Au risque de l'étouffer, Karl lui enfonça une serviette dans la bouche et le poussa sous le lit comme un vieux meuble.

— Quand je serai parti, dit-il, Gertrude te délivrera, et si tu cherches à te venger d'elle, tremble, ce sera la dernière de tes trahisons.

Pendant que ceci se passait, Ravinet entrait chez son ami Radzynsky.

— Bataille ! dit-il en entrant, bataille !

— Bravo ! dit le Polonais en se frottant les mains. Où est-ce qu'on se bat ?

Et il se leva en boutonnant sa redingote.

— Patience, dit le Français en riant. Vous êtes bien pressé. Il faut attendre jusqu'à ce soir.

Et il expliqua en peu de mots toute l'affaire.

— Que vous disais-je ? dit Radzynsky. Ne savais-je pas que nous retrouverions ce misérable que vous avez voulu épargner ?

— Allons donc, ami, ce reproche n'est pas digne de vous. Nous avons eu tort de ne pas l'étrangler ; mais ne fallait-il pas épargner les nerfs de ce pauvre Brünner ? Il est si jeune !

— Eh ! quand on est si jeune, dit le Polonais, on ne conspire pas. En pareil cas, vous le savez, il faut tuer pour n'être pas tué.

Les deux amis firent de concert tous les préparatifs de l'évasion de Karl. Il s'agissait de le conduire en France, soit par ruse, soit par force. Vers six heures du soir, Marcus Junius Brandt vint les rejoindre, et tous trois entrèrent dans le cabaret de Gertrude, où Karl les attendait. Je laisse à imaginer la joie de l'étudiant quand il revit son futur beau-frère à qui il avait tant de choses à raconter et à demander. Brandt l'embrassa comme un frère, et lui donna une lettre du vieux Sombrefer, qui se terminait par deux mots écrits de la main de Wilhelmine. Karl la reçut à genoux, la posa sur son front et sur ses lèvres avec des gestes de joie si extravagants que Brandt ne put s'empêcher de rire. Heureusement, Radzynsky, Gertrude et Ravinet s'étaient retirés par discrétion dans la salle d'en bas et les avaient laissés seuls dans la chambre.

Au bas de la lettre, Wilhelmine avait écrit : *Ne m'oubliez pas.*

Le bon Karl garda quelques instants le silence ; une foule de sentiments contraires se disputaient son cœur. Il était heureux d'être aimé de celle pour qui mille fois il eût donné sa vie ; il était attristé par la crainte de la mort prochaine du vieux Sombrefer, et par la douleur de l'exil ; il aurait voulu les revoir ; il ne pouvait se résigner à fuir.

— Eh bien, que décides-tu? dit Brandt.

— J'obéirai, mon cher Marcus, quoi qu'il m'en coûte.

— Partons.

Une voiture à deux chevaux les attendait. Radzynsky la conduisait. Les quatre amis, armés jusqu'aux dents, étaient prêts à partir lorsque Gertrude s'approcha de Karl :

— Que faut-il faire de ce Bauer? dit-elle.

Au nom de Bauer, le Polonais tressaillit.

— Quoi! dit-il, ce misérable est encore ici, et vous ne m'en avertissiez pas? Pardieu! je vais lui payer aujourd'hui l'arriéré des coups de fouets que je lui dois.

— Faites lui grâce encore aujourd'hui, dit Karl; il a failli mourir de peur ce matin, et je ne crois pas qu'il y revienne de sitôt.

En même temps il raconta la mésaventure de l'espión.

— Mon cher ami, dit le Polonais, avec vos scrupules vous vous laisserez toujours manger la laine sur le dos. Il sera fouetté, ou le diable m'emporte.

— Ravinet, dit Karl, ne ferez-vous rien pour moi.

— Bah! répondit le médecin, quelques coups de fouet de plus ou de moins sur la peau d'un Bauer, faut-il y regarder de si près? Je n'y vois qu'un inconvénient.

— Lequel? demanda Radzynsky.

— Celui de perdre un temps précieux.

— Allons, il est écrit que vous aurez toujours raison; mais nous ne pouvons pas laisser ici ce misérable; à peine libre, il irait nous dénoncer et faire manquer notre entreprise.

— Mettons-le au fond de la voiture, dit Brandt.

Bauer, toujours lié et bâillonné, fut jeté comme un sac d'avoine dans le coffre de la voiture. Tout était prêt. Au dernier moment, Karl se tourna vers Gertrude, l'embrassa et lui dit adieu. Le bonne fille pleurait, et l'étudiant, malgré son stoïcisme, se sentait fort attendri.

— Si jamais tu as besoin d'argent ou de protection, dit-il à Gertrude, adresse-toi à mon ami Brandt; c'est lui qui est chargé d'acquitter mes dettes.

Elle lui dit adieu d'une voix étouffée par les sanglots, et la voiture partit au trot pour n'éveiller les soupçons de personne, et pour ménager les chevaux qui devaient faire une longue course.

IX

Où l'on voit qu'il n'est pas besoin de pont pour passer les rivières.

Après quelques instants de silence, Karl remercia ses amis qui s'exposaient à un si grand danger pour le sauver.

— Quel danger y a-t-il ? dit le Polonais. Jusqu'à la frontière personne ne nous demandera de passeport.

— Et à la frontière?

— Nous trouverons des douaniers, on nous arrêtera, je donnerai des explications ; Ravinet et moi nous sommes en règle, Ravinet vous présentera comme son frère qu'il emmène avec lui.

— A mon accent, le douanier verra bien que je suis Allemand et non pas Français.

— Bah! croyez-vous les douaniers si habiles? Après tout, s'ils veulent y regarder de trop près, le Rhin n'est pas loin.

— Quoi! voulez-vous le passer à la nage?

— Mon bon Brünner, dit Radzynsky en riant, sur ma parole, vous devriez être quaker. Si je ne vous avais vu à l'œuvre, je ne saurais que penser de vous. Est-ce au 30 octobre que je voudrais prendre un bain?

— A quoi sert donc le voisinage du Rhin?

— Parbleu! à y jeter les douaniers; n'est-ce pas ainsi que vous l'entendez, Ravinet?

— Assurément, dit le médecin avec un grand sang-froid.

Karl réfléchissait.

— Amis, dit-il après un instant de silence, je vous remercie de votre généreux dévouement, mais c'est assez de vous compromettre en me laissant mener par vous jusqu'à la frontière; je ne veux pas que vous risquiez votre vie pour un si mince résultat. Je passerai seul ou je resterai dans le grand-duché au hasard de tout ce qui peut arriver.

— Par ma barbe! dit le Polonais, voilà un singulier entêtement. De quoi vous mêlez-vous, philanthrope? Croyez-vous que j'en sois à ma première aventure? J'aime les coups de fusil, moi, cela me rappelle ma jeunesse. Je hais les douaniers et tous ces gens qui vous fouillent des pieds à la tête sous prétexte que vous emportez dans vos poches quelques cigares de contrebande. Je suis libre-échangiste.

— Et moi, dit Ravinet, j'ai promis au vieux Sombrefer de vous conduire sain et sauf à Strasbourg, et je vous y conduirai, fallût-il vous emporter de force.

— Pour moi, dit Brandt, j'ai répondu de toi à Wilhelmine. Va donc, et n'aie pas de remords.

— Allons, dit Karl.

On allait à petites journées pour ne pas éveiller l'attention de la police badoise. Deux fois par jour, on ôtait à Bauer son bâillon et on lui donnait à manger. Le soir du troisième jour on s'arrêta dans un cabaret pour souper et faire reposer les chevaux. On n'était plus qu'à deux lieues de Kehl. On tint conseil. Bauer avait été enfermé dans l'écurie avec les chevaux et solidement attaché à la mangeoire. Les quatre amis se croyaient donc en sûreté et résolurent de coucher dans le cabaret et de ne passer le Rhin que le lendemain.

Vers le milieu de la nuit, Radzynsky, habitué aux surprises de la vie militaire, s'éveilla brusquement. Il entendit le bruit d'une voiture qui sortait de l'écurie et partait au galop dans la direction de Kehl.

— Qu'est cela? dit-il à ses compagnons.

Ravinet courut à la fenêtre.

— Pardieu! dit-il, c'est ce coquin de Bauer qui part avec notre voiture, et qui va avertir les gendarmes de Kehl de notre prochaine arrivée.

En effet, le garçon d'écurie avait aperçu Bauer jeté à l'écart sous la paille; il lui avait ôté son bâillon et les cordes qui l'attachaient. Bauer lui avait conté que ses hôtes étaient quatre brigands qui l'avaient arrêté sur le chemin et dépouillé. L'honnête Badois, ne doutant pas de la bonne foi de l'espion, avait attelé sans bruit la voiture et rendu à Bauer la liberté.

— Mes chers amis, dit Ravinet, il n'est plus question d'aller à Kehl; ce serait nous mettre dans la gueule du loup. Bauer nous a prévenus; il faut chercher un autre passage.

— Eh bien, dit Brandt, nous passerons le Rhin en bateau. En un instant les quatre amis furent prêts à partir. Ils résolurent de suivre les bords du Rhin jusqu'à ce qu'ils eussent trouvé une barque. Le lendemain, vers trois heures de l'après-midi, ils arrivèrent sur les bords du fleuve, à quelques lieues au-dessus de Kehl. Une petite île plantée d'arbres occupe le milieu du fleuve et sert de limite aux deux États. Dans cette île habite un pêcheur dont la maison bâtie en briques rouges est fort agréable à voir. Ravinet le héla en français. Le batelier démarra sa barque et commença à ramer vers la rive badoise.

— Il paraît, dit Radzynsky, que nous n'aurons pas besoin de passe-port.

— Ne vous hâtez pas trop de parler, dit Brandt, et il lui montra trois gendarmes dont un brigadier qui s'avançaient en toute hâte vers eux. Derrière eux, Bauer marchait avec précaution, cherchant à n'être pas vu.

— Arrêtez, cria le brigadier.

Les quatre amis étaient armés de fusils de chasse; la partie était donc à peu près égale. Ils attendirent les gendarmes sans donner aucune marque d'inquiétude. Pendant ce temps le batelier approchait de la rive. Le brigadier arriva enfin, tout essoufflé et précédant ses hommes.

— Montrez-moi vos papiers, dit-il.

— Depuis quand, dit Ravinet, a-t-on besoin de passe-port pour aller à la chasse?

— Vous n'allez pas à la chasse, dit le brigadier avec majesté; vous cherchez à passer en France.

— Brigadier, dit le médecin, vous n'êtes pas poli.

— Je ne suis pas entré dans la gendarmerie, reprit le brigadier, pour donner ou recevoir des leçons de politesse. Allons, suivez-moi.

— Où ? demanda Ravinet.

— A Kehl.

Pendant ce dialogue, le batelier était arrivé et attendait l'embarquement. Ravinet jeta un rapide coup d'œil à ses amis et leur montra les deux gendarmes qui étaient encore à cinquante pas de leur chef. En un instant, Brandt et le Polonais s'emparèrent du brigadier, le désarmèrent, lui attachèrent les mains avec son baudrier et le déposèrent sans lui faire aucun mal dans la barque. Le batelier, qui était Français, et qui vit bien à la mine de ceux qui l'avaient appelé que ce n'étaient pas des fugitifs ordinaires, se mit à rire et refusa, malgré les prières et les ordres du brigadier, de lui délier les mains.

A cette vue, les deux gendarmes s'arrêtèrent. Le Polonais, qui les vit indécis, s'avança sur eux et cria : Rendez-vous, ou vous êtes morts. Les gendarmes, se voyant couchés en joue, déposèrent leurs armes sans même essayer une résistance inutile, et, pendant que Karl et Ravinet gardaient les trois prisonniers, les deux autres se mirent à la poursuite de Bauer.

Il était déjà loin, et courait à travers la plaine, faisant des crochets comme un lièvre devant les chiens. En quelques minutes Brandt et le Polonais l'atteignirent et le traînèrent plus mort que vif sur la rive.

— Que voulez-vous faire de ce misérable? demanda Karl.

— Je veux engraisser les poissons du Rhin, dit le Polonais, et empêcher que ce gredin ne nous dénonce et ne nous poursuive encore. Il est temps de faire justice. Est-ce votre avis, Ravinet?

— Comme il vous plaira, répondit le médecin.

— Et vous, Brandt, qu'en pensez-vous?

— Moi, dit Brandt, je suis d'avis qu'on le soumette au jugement de Dieu. Jetons-le à l'eau. S'il sait nager, tant mieux pour lui; je ne l'empêcherai pas de s'échapper; s'il ne sait pas nager, Dieu l'a condamné, qu'il meure.

— Messieurs, dit Ravinet aux gendarmes, vous vous êtes laissé prendre, c'est le sort de la guerre, mais nous sommes de trop honnêtes gens, mes amis et moi, pour vouloir abuser de notre victoire; allez en paix. Quand nous serons sur la rive française, le batelier vous rapportera vos armes. Jusque-là, prenez patience et ne nous oubliez pas dans vos prières.

Les trois gendarmes furent mis à terre, et la barque se dirigea tranquillement vers la France. A dix pas environ de la rive badoise, Ravinet et Radzynsky saisirent le malheureux Bauer par les pieds et par les épaules et le lancèrent dans le fleuve.

— Justice est faite, dit le Polonais.

Au bout de quelques secondes, Bauer reparut à la surface. Il nageait vers la rive.

— Encore une demi-mesure, dit Radzynsky. J'aurais dû lui attacher une pierre au cou.

— N'en ayez pas de regret, répondit le médecin. Tôt ou tard il sera pendu. Croyez-en ma vieille expérience. Le danger qu'il a couru aujourd'hui ne le corrigera pas.

Les quatre amis arrivèrent sans encombre à Strasbourg. Là, Karl dit adieu à Marcus et partit pour Paris avec Radzynsky et le médecin. Brandt retourna tranquillement à Dietz, et son heureux retour remplit de joie sa sœur et le vieux Sombrefer.

La tranquillité parut rétablie pour quelque temps dans la maison du vieillard; mais Marcus et Wilhelmine étaient pénétrés d'une cruelle tristesse. Ils voyaient tous les jours les progrès de la mort sur la figure de leur grand-père. Sombrefer lui-même, devinant leurs pensées sous la gaieté qu'ils affectaient, évitait de parler de sa fin prochaine; mais il s'entretenait plus souvent et plus longtemps avec eux, et ces longs entretiens avaient pour tous trois une douceur extraordinaire. Il leur parlait avec ravissement de la vie future et du monde meilleur dans lequel il espérait trouver place.

— De planète en planète, disait-il, de soleil en soleil, nous parcourrons le cercle immense de l'univers et nous approcherons de plus en plus de la Divinité sans nous confondre jamais avec elle. Nous connaîtrons enfin dans tous ses détails cette création admirable dont nous entrevoyons à peine un coin. Dieu lèvera le voile qui cache à nos yeux éblouis ses œuvres et lui-même, et nous jouirons d'une félicité parfaite. Le bonheur, c'est la science.

— Et l'amour, ajouta Wilhelmine, l'amour des parents pour leurs enfants, des époux entre eux, des amis pour leurs amis. Tout connaître pour tout aimer, voilà le bonheur suprême.

C'est dans ces douces rêveries que le vieillard et ses petits-enfants attendaient la mort qui devait frapper Sombrefer. Marcus ne le quittait plus. Il était étonné qu'on ne l'eût pas inquiété pour avoir pris part à la fuite de Karl ; il ignorait que son plus mortel ennemi avait, comme nous le verrons bientôt, contribué à étouffer l'affaire dans son propre intérêt. Quelle que fût la cause du repos qu'on lui laissait, il en jouissait sans mélange de crainte et reportait toutes ses pensées sur sa sœur et sur son grand-père.

X

Le loup dans la bergerie.

Il est temps de retourner à notre vieille connaissance M. le comte de Hohenzollern-Reuss-Lippe-Schleitz de Schauenstein. Ce noble gentilhomme, transporté par ses domestiques hors du grand-duché de Bade après le combat dans lequel il avait été blessé et jeté par la fenêtre, passa près d'un mois à Mayence. Un habile médecin guérit ses blessures, et l'intrépide colonel, à peine en état de monter à cheval, résolut de tirer vengeance de Karl et de Brandt et de poursuivre ses entreprises amoureuses.

Nous avons déjà vu comment, sur sa recommandation, son frère, tout-puissant à Berlin, avait fait poursuivre Karl par le baron de Goldsberg. Un matin, après déjeuner, M. le comte eut avec Fritz, son valet de chambre, la conversation suivante.

— Fritz, je m'ennuie.

— Est-il possible? Monsieur le comte est jeune, monsieur le comte est beau, monsieur le comte est fort et bien portant, et monsieur le comte s'ennuie! En vérité, si monsieur le comte ne me faisait l'honneur de me le dire, je ne l'aurais jamais cru.

— Entendons-nous, Fritz. Je m'ennuie comme peut s'ennuyer un gentilhomme qui est arrière-cousin du roi de Prusse.

— Monsieur le comte veut dire qu'il s'ennuie royalement?

— Tu as deviné juste, Fritz; cherche-moi quelque amusement.

Le valet de chambre secoua la tête.

— Coquin, je te paye pour avoir de l'esprit; ne me vole pas mon argent.

— Monsieur le comte veut-il boire?

— Eh! je ne fais pas autre chose.

— Monsieur le comte veut-il jouer?

— Non. Je n'ai aucun plaisir à gagner, et je jure

comme un sacripant quand je perds. Cherche encore.

— Monsieur le comte veut-il chasser?

— Le beau plaisir de forcer un lièvre ou un chevreuil! S'il s'agissait d'un sanglier, à la bonne heure!

— Monsieur le comte aime-t-il la musique?

— Non. Mozart m'ennuie; je ne comprends pas Beethoven; Meyerbeer m'assomme.

— Et Rossini?

— Est-ce qu'un bon Allemand doit prendre plaisir à écouter ces faquins d'Italie?

— Décidément, il est trop difficile d'amuser monsieur le comte. Si monsieur le comte voulait essayer de l'amour?

— Bah! je n'ai qu'à me présenter pour vaincre.

— Il est vrai que monsieur le comte est le plus imable cavalier de toute l'Allemagne. Est-ce que monsieur le comte a renoncé à cette petite bourgeoise?...

Fritz avait touché la plaie secrète. Ce Frontin allemand vivait, comme tout domestique, des faiblesses et des vices de son maître. Il avait donc intérêt à l'engager toujours dans de nouvelles intrigues qui rendaient ses services nécessaires.

— Quelle petite bourgeoise? demanda le comte en colère.

— Celle que monsieur le comte a voulu enlever à Dietz.

— Je n'ai pas échoué, car elle ne m'a même pas vu. J'ai eu tort d'employer la force; un peu d'adresse suffisait.

— Elle est bien gardée, dit Fritz.

— Comment, bien gardée? Je crois, maraud, que tu as l'air de me défier. Va, j'ai pris des forteresses plus imprenables.

— Dans la haute noblesse, cela est vrai; mais monsieur le comte ignore combien ces petites bourgeoises sont entêtées dans leurs idées. Elles ont l'esprit et le cœur si étroits. Il n'y entre jamais qu'un amour à la fois. Encore faut-il du premier coup promettre une éternelle fidélité, le mariage, que sais-je.

— Pardieu, Fritz, je suis ravi de te montrer comment on vient à bout d'une vertu bourgeoise. Fais tes préparatifs; nous partirons dans une heure.

Le lendemain, M. le comte de Schauenstein faisait son entrée dans Heidelberg. Il se présenta tout d'abord chez le directeur de la police, qui fut très-surpris de le voir. Le baron de Goldsberg avait espéré être délivré d'un hôte si fâcheux. Il le reçut pourtant avec beaucoup d'amitié et de déférence, lui raconta l'histoire de la fuite de Karl et parut désespéré d'avoir manqué l'occasion de faire plaisir à monsieur le comte en faisant enfermer son ennemi dans quelque forteresse.

— Au reste, ajouta-t-il en finissant, son futur beau-frère payera pour tous. A son retour, je le ferai prendre et mettre quelques années en prison. Avoir osé résister à la gendarmerie!

— En effet, dit Schauenstein, cette résistance, cher baron, est un crime abominable; mais quel est donc ce beau-frère?

— C'est un étudiant que vous devez connaître; c'est le fameux Marcus Junius Brutus Brandt, l'un de ces extravagants qui veulent fonder la république allemande.

— Quoi! c'est le frère de Wilhelmine! Pardieu! cher baron, il faut que vous me rendiez un service.

— Avec plaisir, cher comte. Ma gendarmerie et moi, nous sommes tout à vos ordres. Qui voulez-vous qu'on arrête?

— Personne aujourd'hui, cher baron. Je vous suis fort obligé de ce zèle et pourrai bientôt le mettre à l'épreuve. Soyez seulement assez bon pour ne pas inquiéter Marcus Junius Brutus.

— Quelle admirable générosité! Vous protégez votre ennemi! En vérité, cher comte, l'antiquité n'offre pas d'exemple d'une action plus belle.

— Laissons l'antiquité, de grâce. Peut-être ne suis-je pas aussi généreux que vous croyez; j'ai mes raisons pour protéger Brandt. S'il était emprisonné aujourd'hui, son grand-père et sa sœur fuiraient peut-être en France; les journaux parleraient de cette affaire, votre police en serait compromise. Croyez-moi, ne nous exposons pas aux discours de ces badauds de Paris ou de Londres. Ils seraient enchantés de se montrer austères à nos dépens. Restons dans la vieille et débonnaire Allemagne.

— A votre aise, cher comte. Et que prétendez-vous faire?

— Prendre une revanche éclatante, baron.

— Encore un enlèvement à main armée! Cher comte, vous allez me compromettre. Il n'est pas possible d'ignorer deux fois une aventure pareille. Dans le tumulte d'une grande capitale, les bruits particuliers se perdent et n'ont pas d'écho; mais à Heidelberg, vous n'y songez pas, cher colonel.

— Rassurez-vous, très-cher, je n'ai pas besoin d'employer la force. Au revoir.

— Que le diable t'emporte! pensa Goldsberg en

le voyant sortir. Ce Prussien va faire mille sottises qui retomberont sur moi ; mais qu'il y prenne garde. Le premier devoir de tout bon fonctionnaire est de conserver sa place, et, par le ciel, je suis bon fonctionnaire. S'il faut l'empoigner lui-même, je l'empoignerai.

Le lendemain, M. Justus Steinbach, pasteur du village de Dietz, se promenait dans le jardin du presbytère. C'était un bon gros Allemand, savant comme ils le sont tous, honnête homme, très-occupé d'un immense ouvrage qu'il préparait depuis vingt ans sur la généalogie de toutes les maisons princières de l'Allemagne, et doué d'une patience de lexicographe. Il vivait doucement entre sa femme, sa fille et ses livres, pauvre, mais respecté de tous ses voisins, et parfaitement inoffensif.

Il était neuf heures du matin, et le bonhomme se promenait en ratissant avec une pelle les allées de son jardin, lorsque sa fille vint lui annoncer l'arrivée d'un étranger.

— Et comment est-il fait? demanda le pasteur.

— Oh! papa, pouvez-vous croire que je m'occupe d'un pareil détail ?

— Ma chère Caroline, je ne te demande pas s'il est beau ou laid, je sais bien que les jeunes filles ne s'y connaissent pas et ne s'en occupent guère ;

je veux savoir s'il est fait comme un Badois ou comme un Prussien, comme un Anglais ou comme un Russe, s'il est savant ou ignorant, bourgeois ou gentilhomme.

— Je n'en sais rien, papa. Il m'a dit avec beaucoup de politesse : Mademoiselle, voulez-vous être assez bonne pour prier de ma part le célèbre docteur en théologie, Justus Steinbach, de me recevoir ?

— Peste ! dit le bonhomme, il a dit : le célèbre docteur Justus Steinbach ?

— Oui, papa.

— Caroline, c'est un savant et un gentilhomme, je te le garantis.

Pendant cette conversation, l'étranger, voyant qu'on ne se hâtait pas de l'introduire, se présenta lui-même. C'était un homme de haute taille, dont la poitrine large annonçait une force athlétique. Son visage, entièrement rasé, était d'une beauté régulière, mais commune ; son regard et ses gestes étaient remplis d'assurance, et même de hardiesse. Il salua le pasteur avec une déférence affectée qui paraissait étrangère à son caractère.

— N'est-ce pas à monsieur le docteur Justus Steinbach que j'ai l'honneur de parler ? dit-il.

— A lui-même, monsieur, répondit le pasteur.

En même temps sa physionomie semblait interroger le nouveau venu.

— Je m'appelle Caïus Cornélius Steiger, dit l'inconnu.

Caroline rentra dans le presbytère.

La présentation faite, les deux hommes se promenèrent quelque temps dans le jardin.

— Monsieur le docteur, dit Caïus Cornélius Steiger, je vous prie d'excuser la liberté que je prends de me présenter moi-même. C'est une démarche singulière que celle qui m'amène près de vous; mais j'ose espérer que vous l'excuserez. Je viens vous demander conseil dans une affaire qui intéresse ma vie tout entière.

— C'est beaucoup d'honneur que vous me faites, monsieur, répondit le pasteur; les sages sont rares par tous pays, et je ne puis guère offrir à d'autres hommes les conseils dont j'ai moi-même un si grand besoin.

— Cette modestie, monsieur, repartit l'étranger, est le signe le plus certain que vous êtes l'homme que je cherche. L'homme modeste, dit Zoroastre, est comme un cheveu blanc caché sous une montagne de cheveux noirs.

— Zoroastre a dit cela?

— Et beaucoup d'autres sentences mille fois

plus belles et que vous connaissez mieux que moi. Ce Zoroastre était un grand homme. Je reviens au sujet de ma visite. Je suis jeune encore, monsieur, comme vous voyez, et je suis riche. Mon père, honnête bourgeois de Francfort, m'a laissé en mourant une maison de banque qu'il ne tenait qu'à moi d'étendre et d'agrandir; mais j'ai renoncé au commerce.

Ici le pasteur fit signe que l'histoire l'intéressait médiocrement.

— Patience, monsieur, dit Steiger, vous allez comprendre pourquoi je vous donne ces détails. Il y a six mois que je trouvai par hasard un livre admirable dans lequel les doctrines panthéistes étaient réfutées avec une logique et une éloquence admirables. Connaissez-vous ce livre, monsieur?

— Peut-être, je ne sais, dit le vieillard d'une voix que la joie faisait trembler.

Le bonhomme, au début de sa carrière, avait écrit un traité, moitié religieux, moitié philosophique, dont l'édition tout entière était demeurée chez le libraire. Cet essai malheureux n'avait pas dégoûté Justus Steinbach de la renommée; mais le libraire, ennuyé de garder en magasin une marchandise que personne ne voulait acheter, avait impitoyablement fermé sa porte au pasteur et à ses manuscrits. De toutes les flatteries qu'on pouvait adresser au vieillard, la plus douce était sans contredit de lui apprendre qu'on avait lu son livre.

— Ce livre, monsieur le docteur, dit Caïus Cornélius, est intitulé : *De l'antagonisme du subjectif et de l'objectif, par le docteur Justus Steinbach. Leipzig,* 1817.

Les yeux du pasteur étincelaient d'une joie immense, celle de l'auteur méconnu qui marche pour la première fois sur le grand chemin de la gloire et de la postérité. Il avait peine à ne pas se jeter au cou de cet homme aimable et savant qui avait lu son ouvrage.

— J'ai lu bien des choses de philosophie et de morale, continua Steiger; j'ai approfondi, j'ose le dire, l'esthétique, la critique et l'onéirocritique; j'ai conversé avec les génies les plus illustres des temps anciens et modernes, avec Platon, Aristote et Descartes; j'ai étudié Leibnitz et Wolf, Kant et Fichte, Hegel et Schelling; j'ai pâli sur la *Somme* de saint Thomas d'Aquin et sur le Baghavatâ Pouranâ; jamais livre n'a produit sur moi une impression plus forte, plus touchante que le vôtre. C'est la lumière sans nuage du soleil d'Athènes, c'est la poésie de l'Orient, c'est l'immensité du désert, c'est la profondeur de l'Océan, c'est la hauteur et la sublimité du Caucase, c'est la force, c'est la joie, c'est la vie. Ah! monsieur, quelle révolution un pareil ouvrage doit produire un jour dans la philosophie, dans l'industrie, dans les arts, dans la musique!

Le pasteur écoutait son hôte les yeux à demi fermés, la bouche entr'ouverte, dans une sorte d'extase voluptueuse. Quiconque a touché une plume et noirci du papier au service du public comprendra aisément que cet éloge hyperbolique n'excita pas le moindre soupçon de moquerie dans le cœur du bonhomme. A quelque dose qu'on serve la louange, elle se digère toujours aisément.

— Comment se fait-il, dit Steiger, que vous soyez resté enfoui dans la solitude? N'est-ce pas un dessein secret de la Providence qui a voulu que le génie vécût seul et concentrât toutes ses forces pour la lutte?

— Monsieur, dit enfin le pasteur, vous faites trop d'honneur à l'humble auteur d'un traité qui est destiné sans doute à rester longtemps ignoré.

— Longtemps ignoré! Que dites-vous là, docteur? Ne savez-vous pas que ce livre est aujourd'hui l'évangile d'une école nouvelle de philosophie? Êtes-vous si peu au courant de ce qui se fait dans les universités?

— Monsieur, dit Justus Steinbach, avez-vous déjeûné? J'ai peu de chose à vous offrir; mais vous excuserez ma frugale hospitalité; un pasteur de campagne n'a point la recherche et le luxe d'un banquier de Francfort.

— Ah! docteur, quelle spirituelle et mordante satire de la vie des gens du monde! Mais je ne veux plus mériter vos épigrammes; je veux régler ma vie d'après le précepte des sages.

— Acceptez-vous?

— J'accepte, et je suis heureux...

— C'est bon, c'est bon, nous parlerons de cela à table.

Caroline, cria-t-il, mets un couvert de plus, et donne-nous à déjeuner. L'air frais du matin aiguise l'appétit.

Caroline se hâta d'obéir, et l'on se mit à table. Justus n'avait pas tort de parler de frugalité. Du pain, des œufs, des fruits et du fromage, voilà tout le déjeuner. Un grand pot de bière qui se trouvait sur la table fit faire à l'étranger une grimace involontaire. Il s'exécuta pourtant de bonne grâce et se mit à manger avec tant d'ardeur que madame Steinbach en ressentit quelque inquiétude. Elle fit signe de l'œil à son mari, qui feignit de ne pas comprendre, et qui eut l'innocente malice de demander du jambon.

Cette demande inopportune fit dresser les cheveux qui ornaient la tête de madame Steinbach.

— Mon ami, dit-elle d'un ton aigre-doux, tu sais bien que le jambon est fini. Il ne reste plus qu'un os que je ne voudrais pas offrir à monsieur Steiger.

— Que dit la Bible? répondit Justus. *La femme doit obéissance à son mari.* Va chercher le jambon.

Madame Steinbach se leva d'un air résigné, ouvrit une armoire profonde et sombre, en retira le jambon et le posa sur la table.

— Ce jambon a fort bonne mine, dit Justus. N'est-ce pas, mon hôte?

— Mayence n'en a pas de meilleur, répondit Steiger la bouche pleine; mais je suis forcé de n'y pas goûter. Le médecin me l'a défendu.

Steiger avait compris à merveille le regard de madame Steinbach et ne voulait pas s'en faire une ennemie. Cette politique réussit à merveille auprès des deux époux. Le pasteur lui sut gré d'avoir trouvé le jambon égal à ceux de Mayence, et madame Steinbach lui sut gré de n'y avoir pas touché.

— Mon cher monsieur, dit Justus, vous ne m'avez pas expliqué ce qui vous amène à Dietz; car je ne pense pas que ce soit le seul désir de voir l'auteur de l'*Antagonisme du subjectif et l'objectif*.

— Et pourrais-je trouver dans toute l'Allemagne

un homme plus digne de l'admiration des autres hommes, un homme dont le génie et le caractère fussent mieux appropriés à la grande cause pour laquelle il a combattu ?

Madame Steinbach et Caroline ouvraient de grands yeux. Justus jeta sur sa femme un regard triomphant.

— Eh bien, dit-il, tu le vois, femme, on vient pour me voir de toutes les parties de l'Allemagne. Monsieur Caïus Cornélius Steiger, qui est un riche banquier de Francfort, est venu à moi comme la reine de Saba alla trouver Salomon, sur le seul bruit de sa sagesse.

— Monsieur Caïus Cornélius Steiger est bien bon, répondit avec quelque aigreur madame Steinbach, mais tout ce génie dont il parle n'empêche pas que vous ne soyez le pasteur de la plus pauvre commune de tout le grand-duché.

— Eh! madame, dit Caïus Cornélius, la pauvreté ne fut-elle pas toujours compagne du génie? Homère mendiait, Anaxagore est mort de faim, Luther a demandé une pension à l'électeur de Saxe, et Gottlieb Fichte donnait des leçons au cachet comme un maître de danse, et n'avait pas toujours du tabac pour bourrer sa pipe.

— Allons, femme, il ne faut pas toujours songer

au pain du corps. Ayons d'abord l'amour de la sagesse, dit l'Écriture, et tout le reste nous sera donné par surcroît. Bien des gens sont plus malheureux que nous.

— Louez Dieu, madame, dit Steiger dans un transport lyrique, de vous avoir donné un mari que toutes les femmes vous envient, et une fille qui ferait l'orgueil de toutes les mères.

Caroline parut sensible au compliment. C'était une assez grande fille, d'une beauté moins qu'ordinaire, dont les cheveux roux auraient fait le désespoir d'une Française, mais qui ne croyait le céder à personne soit en grâce, soit en beauté. Elle croyait fermement qu'un riche étranger ne pouvait manquer de devenir amoureux d'elle et de l'enlever quelque jour à sa mère et à son pays. Aussi avait-elle refusé deux ou trois petits fermiers du voisinage dont les goûts vulgaires ne s'accordaient pas avec la distinction et l'élégance de ses manières. Elle parlait du bout des lèvres, riait du bout des dents, montrait à tout propos sa main qu'elle croyait fort belle et qui n'était que maigre et sèche, et déplorait sa triste destinée qui l'avait fait naître dans un presbytère de campagne. Malgré cela, elle avait des qualités précieuses; elle faisait fort bien la cuisine et les confitures.

Cette aimable personne sourit le plus gracieusement qu'il lui fut possible à Caïus Cornélius. Ce sourire mit à découvert trente-deux dents aussi longues et plus larges que des pelles de moulin. L'étranger n'en fut point effrayé. Par ces flatteries grossières et d'autres pareilles, il s'empara si bien de l'esprit du pasteur, de sa femme et de sa fille qu'il leur fit accroire tout ce qu'il voulut. Il persuada au bon Justus Steinbach qu'il avait été longtemps séduit par les doctrines pernicieuses de Hegel, mais que la lecture de l'*Antagonisme du subjectif et de l'objectif* lui avait ouvert les yeux et qu'il n'avait d'autre dessein que de prendre le pasteur de Dietz pour modèle et pour guide. Il laissa entrevoir à Caroline qu'il était à demi amoureux d'elle, et à madame Steinbach qu'il avait assez de crédit pour donner à son mari une commune plus riche. Enfin, il demanda la permission de demeurer au presbytère en payant une pension de mille thalers par an, dont le premier trimestre fut versé sur-le-champ entre les mains de madame Steinbach.

Ce dernier trait lui conquit sur-le-champ le cœur de la bonne dame. Un étranger si riche et si généreux ne pouvait manquer d'être un honnête homme. Steiger demanda humblement la permission de faire venir à ses frais un millier de bouteilles de vin du Rhin ; car, dit-il, la bière m'est sévèrement défendue par les médecins. Justus se fit un peu prier et finit par céder. Son rêve avait toujours été d'approcher ses lèvres de cette liqueur divine.

Le soir même, Caïus Cornélius Steiger, ou, si l'on aime mieux, M. le comte de Reuss-Lippe-Schleitz-Hohenzollern-Schauenstein, était installé comme hôte et comme ami au presbytère de Dietz.

XI

Le calme était revenu dans la maison du vieux Sombrefer. La santé du vieillard paraissait raffermie, et ses petits-enfants commençaient à entrevoir des jours meilleurs. L'absence de Karl, dont il était difficile de prévoir le terme, laissait bien encore quelque tristesse au milieu de ces trois personnes qui n'avaient qu'un cœur et qu'une âme ; mais on s'accoutumait peu à peu à l'idée de quitter l'Allemagne et de chercher aux États-Unis une patrie nouvelle et la liberté. Un Français ne quitte la France qu'avec désespoir, parce qu'il n'y a qu'un Paris au monde, tandis qu'un Allemand peut retrouver partout des villes aussi riches, aussi peuplées, aussi policées que celles de son pays.

Marcus retourna à Heidelberg pour terminer ses études médicales. Il ignorait le nouveau danger qui menaçait sa famille et le retour du comte de Schauenstein. Wilhelmine, restée seule avec son grand-père, se trouva réduite à la société des habitants de Dietz. Sombrefer, qui estimait le caractère du pasteur Steinbach, bien qu'il fût quelquefois disposé à rire de ses théories philosophiques ou religieuses et de sa naïveté, recevait souvent ses visites. Cette liaison, sans être intime, servait à abréger les longues soirées d'hiver.

Le soir même du départ de Brandt, Schauenstein, qui faisait épier par Fritz toutes les actions de l'étudiant et qui, sous prétexte de maladie, s'était soigneusement tenu caché pendant le séjour de Marcus à Dietz, résolut de commencer le siége. Il avait fait les plus grands progrès dans l'esprit de mademoiselle Caroline Steinbach, qui n'était pas éloignée de penser que son hôte l'aimait passionnément. Il chantait et valsait avec elle, il goûtait ses confitures et les trouvait excellentes, il lui donnait le bras à la promenade et lui récitait des vers. Il feignait en tête-à-tête une émotion soudaine, et s'interrompait au milieu d'une phrase commencée ;

il soupirait en soufflant comme une vaste locomotive et laissait sur tous les meubles des fragments de poésie adressés *à Caroline S****.

On doit penser que ce silence, ces soupirs et cette poésie n'étaient pas restés inaperçus.

— Pourquoi ce jeune homme est-il si timide? pensait Caroline. Il est riche, il est beau, il est fort bien portant. Quel excellent mari j'aurai là!

Et elle s'évertuait à lui faire comprendre que ses vœux seraient favorablement accueillis; mais il n'y a pire sourd que celui qui ne veut pas entendre. Caïus Cornélius Steiger commençait à se défier de son succès; il ne voulait réussir ni trop complétement, ni trop vite; il voulait éviter surtout d'être acculé à une demande en mariage qui aurait ruiné tous ses projets. Il gardait dans tous ses discours un air séraphique et détaché de la matière, qui faisait enrager la pauvre Caroline.

Le soir du départ de Brandt, Caroline était assise au coin du feu avec sa mère et Steiger. Elle faisait de la tapisserie et Steiger jouait tranquillement au bilboquet.

— Vous devez vous ennuyer prodigieusement dans ce village, dit-il tout à coup après un assez long silence.

— Est-ce que vous vous ennuyez déjà, monsieur

Steiger? dit Caroline en lui lançant un regard expressif.

— Moi! répondit-il en baisant les yeux comme ébloui du regard de Caroline, je voudrais vivre ici éternellement; mais vous ne voyez guère que des paysans.

— Des paysans! dit la jeune fille offensée, des paysans! pour qui nous prenez-vous, monsieur? Nous sommes dans un pauvre village, c'est vrai; mais nous ne sommes pas avec des paysans. Nos voisins sont de très-honnêtes gens qui cultivent eux-mêmes leur champ, mais ce ne sont pas des paysans.

— Excusez mon erreur, dit Steiger d'un air de feinte confusion; on s'y tromperait aisément. Hors de la famille de l'illustre docteur Steinbach, je n'ai rencontré personne dont un homme du monde dût s'honorer d'être l'ami.

— Ne parlez pas si légèrement de nos voisins, dit Justus, qui revenait de la promenade. Notre ami Sombrefer est un homme dont les princes seraient jaloux de cultiver l'amitié si les princes savaient ce que c'est qu'un ami.

— Qu'est-ce que monsieur Sombrefer? demanda Steiger d'un ton d'indifférence.

— C'est, dit Justus, l'un des plus grands citoyens

de l'Allemagne, sinon l'un des plus illustres. C'est un homme d'une science profonde, d'un courage supérieur à toutes les épreuves, qui est républicain, et qui a vingt fois risqué sa fortune et sa vie sans qu'aucun danger ait pu l'ébranler, ni aucune caresse le séduire.

— Voilà un homme rare au temps où nous vivons, dit Steiger, et je serai heureux de lui être présenté.

— Cela est fort difficile, dit Justus; le vieillard vit dans une retraite profonde.

— Je m'en charge, dit Caroline avec empressement. Je suis l'amie intime de Wilhelmine, sa petite-fille, et si vous le permettez, papa, ce sera moi qui présenterai monsieur Steiger.

Celui-ci remercia cordialement Caroline en dissimulant sa joie. Il était enfin arrivé au but de ses désirs.

Une heure après, Caïus Cornélius et Caroline entraient chez le vieux Sombrefer. Justus Steinbach les suivait de près avec sa femme. Wilhelmine et son grand-père les reçurent avec amitié, et les nouveaux venus prirent place devant le foyer.

— Ma chère, dit Caroline à son amie, je t'amène l'homme le plus singulier que j'aie jamais vu. Imagine-toi un riche banquier de Francfort qui s'est laissé convertir par la lecture d'un livre que mon père a fait il y a plus de trente ans, et que personne au monde n'a lu si ce n'est M. Caïus Cornélius Steiger et mon père qui en est l'auteur. Ce banquier jette sa banque aux orties et vient chercher la vertu, la paix et le bonheur à Dietz.

— Pourquoi non? dit Wilhelmine.

— Entre nous, reprit Caroline, je crois que M. Caïus Cornélius est follement amoureux de ton humble servante, et qu'il a pris ce détour ingénieux pour me déclarer sa flamme.

— Cela se voit tous les jours, dit Wilhelmine, et les romans ne parlent pas d'autre chose. Pourquoi les romans n'auraient-ils pas raison une fois par hasard?

— C'est ce que je dis tous les jours à papa ; mais papa se moque de moi et prétend que le voyage de M. Caïus Cornélius est dû à sa conversion, et sa conversion à la lecture de l'*Antagonisme du subjectif et de l'objectif*. As-tu jamais entendu parler d'une conversion opérée par des arguments philosophiques?

— Rarement, dit Wilhelmine; mais rien n'est impossible. N'as-tu pas entendu parler des frères Siamois et du veau à deux têtes? Le bon Dieu se donne de temps en temps le plaisir de faire des miracles et de mystifier ceux qui prétendent qu'il a donné sa démission. M. Steiger est un veau à deux têtes, apparemment.

Pendant cette conversation qui se faisait à voix basse près de la fenêtre, le prétendu banquier causait avec le vieux Sombrefer, tout en suivant de l'œil les mouvements de Wilhelmine. Celle-ci revint avec Caroline près de la cheminée et regarda l'étranger.

La *première* impression ne fut pas très-favorable. Caïus Cornélius soutint ce regard avec l'assurance d'un homme qui croit avoir des droits à l'admiration; il regarda à son tour Wilhelmine avec des yeux si assurés et si hardis que la jeune fille en fut presque irritée. Ce regard était une sorte de provocation. Cependant tous deux gardèrent le silence.

— C'est un beau dessein, monsieur, dit Sombrefer à l'étranger, que celui qui vous amène à Dietz. Chercher la vérité, quelque part qu'elle se trouve, n'est-ce pas le devoir d'un honnête homme?

— Je suis plus heureux que je ne le mérite, répondit Steiger en regardant l'une après l'autre les deux jeunes filles. Je suis comme le roi Salomon.

J'ai cherché la sagesse, et j'ai trouvé peut-être le bonheur.

Caroline s'applaudit de ce discours équivoque, qu'elle prenait pour une déclaration d'amour ; mais Wilhelmine, qui avait vu le regard de Cornélius se diriger à la fois sur l'une et sur l'autre, éprouva un vif mécontentement.

— Est-ce un compliment banal? pensa-t-elle, ou ce banquier romain pense-t-il qu'il n'a qu'à paraître pour conquérir tous les cœurs?

Sombrefer devina la pensée de sa petite-fille et fut choqué de l'impertinence de l'étranger.

— Vous avez raison, monsieur, lui dit-il d'un ton assez froid, celui qui cherche la sagesse dans la solitude rencontrera toujours le bonheur.

Schauenstein comprit qu'il avait fait fausse route, et voulut regagner le terrain qu'il avait perdu.

— Je regrette vivement, mademoiselle, dit-il à Wilhelmine, que ma santé ne m'ait pas permis de me faire présenter plus tôt à monsieur Sombrefer et à vous. J'aurais eu en même temps le plaisir de faire connaissance avec votre frère qui est, m'a-t-on dit, l'un des plus savants et des plus distingués étudiants de l'université de Heidelberg.

— Vous avez entendu parler de Brandt, monsieur? dit Wilhelmine, que ce nom touchait toujours. N'est-ce pas qu'il est le meilleur et le plus généreux des hommes?

Steiger sourit du succès de sa ruse; il avait trouvé le côté faible de la place.

— Je n'ai pas le plaisir d'être connu de lui, mademoiselle, répondit-il avec modestie, mais un de mes amis, qui est en même temps le sien, m'a fait de lui le plus grand éloge.

— Et quel est cet ami?

— M. Karl Brünner, docteur en théologie.

Il y eut un instant de silence.

— Voilà, pensa Wilhelmine, un honnête homme que j'avais mal jugé d'abord. J'allais repousser un ami de Karl sous prétexte qu'il a les yeux trop hardis et qu'il fait des compliments hors de saison. Peut-être n'est-il pas trop accoutumé à la bonne compagnie. Les hommes, dit-on, ne sont pas toujours difficiles sur cet article.

Qu'aurait dit monsieur le colonel des cuirassiers de la garde prussienne s'il avait pu deviner les réflexions de Wilhelmine? Lui, qui était l'homme le plus brillant de Berlin, n'eût-il pas été indigné de se voir traité d'homme de mauvaise compagnie par un petite bourgeoise? Il comprit cependant, à l'air attentif et aimable de Wilhelmine, qu'il avait effacé l'impression fâcheuse de ses premières paroles. Ce n'était pas sans dessein qu'il s'était dit connu de Karl. L'absence de celui-ci lui donnait beau jeu, et Schauenstein, soigneusement instruit par son valet de chambre de toutes les affaires de la famille de Sombrefer, n'ignorait pas les projets de mariage de Wilhelmine. Il espérait seulement remplacer Karl dans le cœur de la jeune fille et l'éblouir au dernier moment de son titre de comte et de son immense fortune. Quelle douce vengeance de la déshonorer publiquement et de frapper mortellement ses deux ennemis! Heureusement, l'entreprise était plus difficile qu'il ne l'avait cru d'abord.

Le vieux Sombrefer, plus défiant que sa petite-fille, parce qu'il était plus âgé et qu'il avait une longue expérience du monde, fut néanmoins séduit en peu de temps par l'éloge que Steiger avait fait de Brandt. Le comte était d'ailleurs un homme fort instruit, qui avait étudié avec succès dans les universités, et qui mettait au service d'une âme sans foi et sans principes un esprit gai et léger. Sauf une imitation un peu trop servile du ton et des manières des courtisans de Louis XV, il avait un mérite réel, et pouvait tromper les gens les plus clairvoyants.

La conversation était devenue générale. Caroline

Steinbach, ennuyée de n'être plus le seul objet de l'attention du beau Steiger, lui demanda au hasard s'il avait voyagé en Europe.

— Beaucoup trop, dit Caïus Cornélius en soupirant, comme si cette question avait réveillé des souvenirs pénibles. J'ai vu Paris et Londres.

— Quoi! vous avez vu Paris? dit Caroline avec admiration.

— J'y ai vécu six mois.

— Six mois! et vous n'avez pas voulu y rester toute la vie?

Steiger sourit de la naïveté de la jeune fille.

— Mon père me rappela trop tôt, dit-il ; mais ce séjour laissera dans mon âme des traces ineffaçables.

Et il leva les yeux au ciel d'un air mélancolique.

— Wilhelmine, dit tout bas Caroline à son amie, interroge-le. Il doit avoir eu de terribles aventures.

— Fais tes questions toi-même, répondit sur le même ton Wilhelmine; peut-être nous fera-t-il quelque réponse que nous ne serons pas bien aises d'avoir entendue. M. Caïus Cornélius me paraît vouloir se moquer de deux villageoises.

Cette réserve prudente ne retint pas Caroline.

— Monsieur Steiger, dit-elle, contez-nous donc quelqu'une de ces histoires de Paris.

— Mademoiselle, dit Steiger, je vous dirai si voulez ce qui est arrivé à l'un de mes amis, que j'aimais comme un autre moi-même. Je puis en parler librement; il est mort, et son nom est oublié de tout le monde.

— Voilà qui débute bien, dit Caroline; commencez, monsieur, je tremble déjà. Et toi, Wilhelmine?

— Moi? Je frissonne.

— Un soir, dit Caïus Cornélius, mon ami était au bal de l'Opéra. C'est, comme vous savez, la plus étincelante cohue du monde entier. On n'y voit que satin, velours, diamants. Les femmes y sont d'une beauté admirable et diabolique.

— Oh! s'écria Caroline avec admiration. Y a-t-il des baronnes?

— Des baronnes! Il y a des comtesses, des marquises, des duchesses, des princesses. Des baronnes, mesdemoiselles! mais les baronnes y sont plus nombreuses que les cailloux des chemins ou que les grains de sable de l'Océan. On n'y coudoie que des duchesses, et les corridors mêmes sont encombrés de princesses.

— Et vous avez vu tout cela?

— Hélas! dit Steiger... mais revenons à mon ami. L'une de ces femmes s'approche de lui, prend son bras, l'entraîne dans une loge et se démasque. C'était la beauté la plus parfaite que mon ami eût encore vue; car depuis (il regarda Wilhelmine) il a vu une beauté plus rare encore, et qui ne sortira jamais de son cœur.

— Mais, dit Caroline, vous disiez tout à l'heure que votre ami est mort.

— L'ai-je dit? demanda Steiger.

— Vous l'avez dit; n'est-ce pas, Wilhelmine?

— Je n'ai pas fait attention, répondit celle-ci. Je n'écoutais pas.

— Vous avez raison, reprit Caïus Cornélius; il est mort, mais il n'est pas enterré.

— Oh! le pauvre homme! dit Caroline. Et pourquoi n'est-il pas enterré?

— Pour une raison très-simple. Quelques jours après l'aventure que je vais vous dire, il partit pour la Nouvelle-Zélande et fut mangé par le célèbre Chongui.

— Qu'est-ce que le célèbre Chongui?

— C'est un homme qui a faim et qui est économe. Le gibier manque dans la tribu : il part et va couper les oreilles d'une tribu voisine. Il les fait frire et les mange.

— Oh! le scélérat! dit Caroline.

— Pourquoi l'appelez-vous scélérat? demanda

Steiger. Vous mangez des perdrix, des chevreuils; vous mangez du veau. Il mange de l'homme; c'est toute la différence. C'est un économiste; il n'aime pas à laisser perdre tout ce qui peut encore servir à quelque chose.

— Ne parlons plus de cet abominable Chongui, dit Caroline. Vous en étiez à la belle dame qui ôta son masque.

— C'était, reprit Caïus Cornélius, la ravissante princesse de ***. Vous comprenez, je pense, les raisons diplomatiques qui m'empêchent de la nommer. L'honneur d'une illustre famille y est intéressé.

— Cet homme se moque de nous, pensait Wilhelmine.

— Mon ami se mit à genoux devant elle. Il l'aimait depuis six semaines d'un amour insensé; mais il n'osait se déclarer. Il l'avait vue pour la première fois dans le salon d'un célèbre banquier, correspondant de son père à Paris.

— Votre ami était donc, lui aussi, fils de banquier, dit Caroline à qui nul détail n'échappait.

Steiger parut affligé de son indiscrétion.

— Continuez votre histoire, dit Caroline d'un air fin, je vous promets de ne plus vous interrompre.

— Il serait trop long de vous dire par quel enchaînement de circonstances la belle princesse *** avait remarqué son adorateur et l'avait aimé à son tour. Ce serait le sujet d'un roman, et l'histoire de mon ami n'est que trop réelle. Qu'il vous suffise de savoir que l'aveu fut réciproque. Mon ami monta avec la princesse dans une voiture sans armoiries. Le cocher les conduisit dans une maison de magnifique apparence, située aux portes de Paris, et qui appartenait à la princesse. Pendant huit jours les deux amants goûtèrent le bonheur le plus parfait qui puisse être réservé à l'homme sur la terre...

— Ma chère amie, dit Wilhelmine en se levant, M. Caïus Cornélius Steiger nous contera un autre jour le dénoûment de cette histoire. Il est temps, je crois, de préparer le thé.

Caroline haussa les épaules.

— Bah! dit-elle, le thé n'est pas pressé; il peut attendre. Dites-nous vite le dénoûment, cher monsieur Steiger.

— Le neuvième jour, dit Steiger, mon ami rentra dans Paris. Il devait revenir le soir et partir le lendemain pour l'Italie avec cette belle et ravissante princesse. A son retour, quel horrible spectacle l'attendait!

Ici Caïus Cornélius mit sa main sur ses yeux et parut essuyer furtivement une larme.

— Comme il l'aimait! dit tout bas Caroline à son amie.

Wilhelmine haussa les épaules.

— Ton Caïus Cornélius se moque de nous, dit-elle.

— La princesse, reprit Steiger d'une voix altérée, était couchée sur son lit, et percée de douze coups de poignard dans le cœur.

— Ah! s'écria Caroline, saisie d'émotion. Vous n'avez jamais pu connaître le meurtrier?

— Je l'ai poursuivi pendant six ans, dit Steiger, sans pouvoir l'atteindre. Toujours il a fui ma vengeance; à présent, je lui pardonne. Il avait sur elle des droits contre lesquels rien ne peut prévaloir... Ce meurtrier, c'était son mari!

— Ah! monsieur Steiger, vous vous êtes trahi vous-même, dit Caroline toujours curieuse de vérifier ses soupçons.

Caïus Cornélius mit sa tête dans ses mains sans répondre et parut enseveli dans ses réflexions.

— Ce triste événement, dit-il enfin, me fit rentrer en moi-même et commença ma conversion. Jusque-là, j'avais regardé la nature comme un amas de forces aveugles qui se concentrent toutes en un seul point pour donner le mouvement à l'immense machine de l'univers; j'avais compté sans la Providence, qui gouverne à son gré toutes ces forces et qui maintient cet admirable équilibre. Je lus le livre si éloquent de M. Steinbach et je fus convaincu de mon erreur. Je compris que j'avais eu tort de croire à l'unité des contraires, à l'identité du bien et du mal; je vis enfin dans toute sa beauté majestueuse cet admirable *antagonisme du subjectif et de l'objectif*, qui est, comme le dit très-bien ce pasteur de génie, la loi éternelle et immuable du monde moral, et l'espoir de toutes les créatures vivantes et animées.

A ces mots, Caïus Cornélius se leva et se rapprocha du vieux Sombrefer. Pendant le reste de la soirée, il fit les plus grands efforts pour séduire le vieillard. Il étudia toutes ses faiblesses. Avouons-le franchement, Sombrefer n'était pas sans défaut; il aimait à jouer aux échecs. Marcus et Wilhelmine, pour lui plaire, s'étaient pliés à ce jeu difficile, mais ils le jouaient sans enthousiasme, avec la tranquillité d'âme que les jeunes gens apportent toujours dans les jeux de patience et de combinaison. Sombrefer avait le chagrin de gagner trop aisément. Schauenstein s'en aperçut, et offrit de faire sa partie. Le vieillard accepta cette offre sans déguiser sa joie. D'abord, Schauenstein fut vainqueur et s'aperçut qu'il avait piqué au jeu son adversaire; il offrit une revanche et fut battu à son tour. Minuit sonna. Il fallut se retirer, mais Sombrefer n'y consentit qu'à la condition que Caïus Cornélius reviendrait le lendemain.

Il revint en effet, le lendemain et les jours suivants, avec une exactitude qui charmait le bon vieillard sans inquiéter Wilhelmine. Il affectait de n'avoir pour la jeune fille que les égards et la politesse qu'un honnête homme doit toujours à une femme. Peu à peu il devint un meuble de la maison Sombrefer. Le vieillard ne pouvait plus se passer de lui, et Wilhelmine elle-même le traitait comme un ami de son grand-père, et avait de l'amitié pour lui.

Malheureusement, Brandt était absent. Deux jours après son retour à Heidelberg, il reçut une lettre de Karl, qui le priait d'aller en son nom vendre la ferme qu'il possédait aux environs de Dusseldorf, et de lui envoyer de l'argent à Paris.

Marcus partit aussitôt pour Dusseldorf sans avoir vu son grand-père et sa sœur, et s'acquitta de la commission que lui avait donnée son ami. Il envoya d'abord trois mille thalers à Karl qui songeait à partir pour les États-Unis, et il s'occupa de vendre ses biens. Ce n'était pas une petite affaire de trouver un acheteur, et Marcus fut forcé de rester à Dusseldorf jusqu'à la fin du mois de janvier.

Pendant ce temps, Schauenstein continuait le siége qu'il avait commencé. Malgré l'impétuosité naturelle de son caractère, il était forcé d'agir avec prudence pour ne pas inquiéter Wilhelmine. Il avait bien vite reconnu l'inutilité des petites ruses dont il s'était servi pour exciter l'amour-propre de la jeune fille. La plupart des femmes n'aiment que l'homme qui a déjà été aimé. Caïus Cornélius essaya d'abord de se faire passer pour un héros byronien, capable de passions et de crimes extraordinaires. Il essaya du dégoût de la vie et laissa échapper quelques mots sur les terribles aventures dont il avait été le héros; mais Wilhelmine n'y prêta pas la moindre attention; elle ne fit aucune question, ne montra aucune curiosité, et continua de vaquer aux soins du ménage avec la même tranquillité qu'auparavant. La jalousie même que Caroline Steinbach ne put s'empêcher de montrer, et sur laquelle Steiger comptait pour exciter la vanité de Wilhelmine, n'eut pas le moindre effet sur cette fière jeune fille. Elle se souciait peu de ce don Juan qui s'offrait à elle, et dédaignait de ramasser un cœur qui avait appartenu à tant d'autres femmes.

Deux mois s'étaient déjà écoulés depuis le départ de Karl, et tous les efforts de l'art le plus consommé n'avaient pu faire la moindre impression sur Wilhelmine. Schauenstein, sans se lasser, continuait ses sourdes menées, mais n'osait encore se déclarer ouvertement, lorsqu'une nouvelle imprévue le força de brusquer l'attaque. Sombrefer lui apprit un soir que Brandt allait revenir, qu'il avait vendu la ferme de Karl, et qu'il ne tarderait pas a s'établir à Dietz. Caïus Cornélius reçut cette nouvelle avec une joie apparente, et résolut d'emporter d'assaut Wilhelmine avant que son frère eût pu la mettre en garde contre lui.

XII

Un soir, Wilhelmine était seule, assise à son piano. Elle rêvait à Paris et à la distance qui la séparait de son fiancé. Ses mains distraites couraient sur les touches du piano. Elle se sentait triste et affligée sans pouvoir deviner le motif de sa tristesse. Il faisait déjà nuit, elle se préparait à sortir pour aller chercher le vieux Sombrefer chez le pasteur Steinbach, lorsque Caïus Cornélius Steiger entra.

— Vous venez à propos, dit-elle. J'allais chercher mon grand-père. Vous m'accompagnerez.

— Mademoiselle, dit Steiger d'un ton de déférence respectueuse, permettez-moi, je vous prie, de vous entretenir d'une affaire importante.

— Eh bien, dit Wilhelmine, sortons d'abord. Sur la route, vous m'expliquerez votre affaire importante.

— Pardonnez-moi, mademoiselle, mon insistance. Ce que j'ai à vous dire exige de longues et sérieuses réflexions. Je veux vous demander conseil.

— Me demander conseil, à moi! dit la jeune fille en riant. Adressez-vous à mon grand-père, monsieur, il a l'âge et l'expérience nécessaires. Quel conseil voulez-vous que je vous donne?

— Cela est bien facile, mademoiselle. Dois-je rester à Dietz ou partir?

— Restez ou partez, comme il vous plaira. Vous êtes bien modeste, monsieur, et vous avez, je vois, bien peu de confiance en vous-même. Quand vous vîntes à Dietz, vous demandiez conseil à M. Steinbach; vous vouliez marcher dans le sentier de la vertu la plus pure; vous écoutiez sans broncher des sermons d'une longueur admirable; vous souteniez les discussions les plus ardues et les plus subtiles sur la nature et l'*antagonisme du subjectif et de l'objectif*. Il est beau, monsieur, de régler sa vie sur les conseils des sages; mais en quoi pourrais-je aider votre inexpérience?

Tout en parlant, Wilhelmine cherchait à sortir. Un instinct secret l'avait avertie que Caïus Cornélius n'était pas venu pour lui parler de métaphysique, et elle craignait d'avoir à répondre à des discours qu'une femme doit toujours éviter d'entendre. Sans connaître la part que Steiger avait prise à l'exil de Karl, elle ressentait pour lui une certaine antipathie que les assiduités du prétendu banquier auprès du vieux Sombrefer avaient eu grand'peine à surmonter. Pendant quelque temps, les confidences de Caroline Steinbach, qui se croyait passionnément aimée de son hôte, l'avaient empêchée de se tenir en garde contre cet étranger inconnu qui s'était si singulièrement insinué dans l'amitié des deux familles ; mais elle regrettait que l'absence de son frère et de son fiancé et le grand âge de Sombrefer lui eussent laissé le soin de se garder contre des assiduités dont elle commençait à soupçonner le but. Elle se leva donc et s'avança vers la porte ; mais Steiger la prévint, et se plaçant devant la porte même :

— Mademoiselle, dit-il, excusez ma hardiesse ; il m'est impossible de me taire plus longtemps. Je vous aime.

Wilhelmine prit un air sérieux et glacial :

— Monsieur Steiger, dit-elle, permettez-moi de

n'en pas entendre davantage. Mon père m'attend, et je vais le rejoindre.

Schauenstein frémit de colère. Il s'était bien attendu à une certaine résistance ; il connaissait les projets de mariage de Wilhelmine, mais il avait espéré qu'on lui laisserait plaider sa cause, et, du premier mot, il se voyait repoussé de manière à ne plus conserver aucun espoir. Il se décida à employer les grands moyens.

— Mademoiselle, reprit-il, écoutez-moi. Je sais quel est l'obstacle qui nous sépare, je sais que mon ami Karl Brünner vous aime, et qu'il a demandé votre main...

— Si vous le savez, dit Wilhelmine, et si vous êtes son ami, comment osez-vous le trahir et m'offenser moi-même ? Me croyez-vous capable de manquer à ma parole?

Les yeux de la jeune fille étincelaient d'une noble fierté. Elle regardait la déclaration de Schauenstein comme une insulte. Malgré sa colère, elle était si belle, que le comte la regarda avec admiration.

— Quel triomphe, pensait-il, si je pouvais dompter cette admirable créature et me faire aimer d'elle ! Elle serait la reine de la mode à Berlin. Un coup d'éclat comme celui-là mettrait le comble à ma réputation.

Après un instant de silence, il s'avança vers elle, et prenant ses mains malgré sa résistance :

— Écoutez-moi, Wilhelmine, dit-il, et vous me jugerez. Je vous ai trompée. Je ne m'appelle pas Caïus Cornélius Steiger ; je n'ai jamais été banquier à Francfort, et je n'ai lu l'*Antagonisme de l'objectif et du subjectif* que la veille du jour où j'entrai chez M. Justus Steinbach.

— Qui donc êtes-vous? dit Wilhelmine avec un étonnement mêlé de frayeur.

— Je ne suis pas non plus l'ami de Karl Brünner, votre fiancé. Je suis au contraire son ennemi mortel. Je suis le comte de Reuss-Lippe-Schleiss-Hohenzollern-Schauenstein, colonel des cuirassiers de Sa Majesté le roi de Prusse.

— Sortez, monsieur! dit Wilhelmine, et ne revenez jamais dans une maison que vous avez remplie de sang. Sortez, ou je vais appeler à mon secours.

— Vos cris ne seraient pas entendus. Votre grand-père est chez le pasteur. Les domestiques sont sortis. La maison est trop éloignée du reste du village.

— C'est une trahison infâme, monsieur ; mais je ne suis pas sans défense ; quoique seule, je saurai me faire respecter.

Et, se rejetant brusquement en arrière, elle courut à la cheminée, détacha un crid malais qui était suspendu parmi plusieurs autres objets de curiosité, et, devenue plus tranquille, attendit le comte de pied ferme.

Celui-ci sourit en voyant ces précautions.

— Rassurez-vous, dit-il, vous n'avez rien à craindre de moi, Wilhelmine. Une fois déjà, j'ai eu recours à la violence, et je m'en suis mal trouvé. Aujourd'hui, je n'attends rien que de vous. Je vous aime d'un amour passionné. Les crimes que j'ai failli commettre pour vous posséder, le sang que j'ai répandu (le mien et celui de votre frère), les déguisements auxquels j'ai su plier ma fierté, la patience avec laquelle j'ai attendu deux mois l'occasion qui s'offre aujourd'hui de me déclarer, tout vous prouve que je n'aime et n'aimerai jamais que vous, et que rien ne me coûtera pour être à mon tour aimé de vous. J'ai quitté Berlin et la cour et mes compagnons de plaisir, les plus illustres gentilshommes de toute l'Allemagne, pour écouter dans un village de Bade les plats sermons d'un vieux pédant, d'un cuistre d'université; j'ai supporté avec une patience dont le ciel, j'espère, me saura gré quelque jour, les œillades et les tirades sentimentales d'une sotte campagnarde qui me croit amoureux d'elle sans que j'aie rien fait pour le lui persuader ; j'ai savouré comme l'ambroisie la grossière cuisine de cette bonne madame Steinbach qui reluit de graisse et de stupidité ; j'ai fait pendant deux mois la partie d'échecs de votre grand-père, et je me suis laissé battre par lui, moi qui aurais fait la leçon à Philidor et qui me soucie des échecs comme un vieux renard d'un noyau de pêche. Et, après tant de marques d'amour, je serais repoussé honteusement par celle à qui j'ai tant sacrifié? Ah ! Wilhelmine, ayez pitié de mon martyre ; ne m'immolez pas à je ne sais quel scrupule de parole donnée, aimez-moi comme je vous aime, et soyons heureux. Karl vous aime, dites-vous. Qui ne vous aimerait? N'êtes-vous pas la grâce et la beauté mêmes? Et lui, qui est-il pour que vous l'aimiez? Un obscur étudiant, docteur en théologie, un pédant en robe longue, qui vous ennuiera sans cesse de ses discours confits en béatitude, qui vous lira ses homélies, qui vous prêchera l'abstinence, la solitude, le recueillement, la pauvreté, l'oubli de vous-même et du monde, qui vous développera le texte éternel de la vertu, et qui vous rendra la vie même insupportable. Vous passerez vos plus belles années à honorer votre mari, à élever vos enfants, à n'oser ni penser ni sentir devant ce modèle de vertu et de sagesse ;

vous ne serez jeune, aimable et belle que pour lui ; vous n'aurez de la grâce et de l'esprit que pour lui ; il vous absorbera et vous étouffera sous son ombre comme un noyer touffu absorbe l'air et la vie des plantes qui croissent sous son abri. Il vous montrera sans cesse le Dieu crucifié et vous fera prosterner devant cette éternelle image de l'esclave qui porte la peine de toutes les iniquités de la terre.

Ah! croyez-moi, Wilhelmine; venez à moi. Je suis prêtre, moi aussi, prêtre et pontife, — mais pontife de cette religion de la joie qui est la source de tout bonheur humain. — Je suis le plus noble et le plus riche gentilhomme de l'Allemagne. Je viens le premier après les rois, et mes enfants peut-être seront rois à leur tour. Mes domaines en Silésie forment presque une province. Mon frère est tout-puissant à Berlin, et sa main s'étend jusque dans les petits États de la frontière. C'est lui qui a forcé Karl d'aller en exil; ne me le reprochez pas, Wilhelmine, vous ne savez pas jusqu'où peut aller la jalousie d'un amant. J'ai eu des maîtresses sans nombre, des femmes du plus haut rang, d'une beauté supérieure à leur naissance, mais jusqu'ici je n'ai aimé que vous. Vous seule pouviez me faire quitter cette cour où j'avais goûté jusqu'alors tous les plaisirs que peuvent donner la jeunesse, la santé, la naissance et la fortune. J'ai bu à longs traits à cette coupe enchantée du plaisir; venez avec moi, Wilhelmine, je veux la présenter à vos lèvres. Croyez-moi, la beauté est passagère comme la jeunesse dont elle est l'ornement. Jouissons, tandis qu'il en est temps, de ces bienfaits des dieux, et oublions l'avenir. Nous sommes nés sur cette terre, nous mourrons sur cette terre, et notre mémoire même périra dans le cœur de ceux qui nous auront connus; mais nous n'aurons pas perdu notre temps si nous avons joui des plaisirs de la nature, si nous avons aimé, si nous avons couronné nos têtes de fleurs, si nous avons passé nos jours dans les festins et dans les fêtes. La vie est courte; jouissons de la vie. Laissez aux docteurs austères ces folles visions d'une vie future et d'une âme immortelle; avec le corps tout est fini. Sur la terre commencent et finissent toutes nos douleurs et toutes nos joies. Il n'y a ni bien ni mal; il n'y a qu'une rencontre fatale de forces diverses qui se combinent, s'unissent ou se combattent, et dont l'union ou la lutte fait le bonheur ou le malheur des hommes. Donnez-moi cette beauté divine qui vous rend si supérieure à toutes les filles des hommes, et moi, je vous donnerai en échange tout ce qu'une femme peut rêver de plus éclatant, le bonheur, la richesse, le luxe; je ferai de vous un objet d'envie pour toute l'Allemagne. Soyez à moi, Wilhelmine, et l'Allemagne sera à vos pieds. Vous n'êtes pas faite pour végéter dans un bourg obscur de ce grand-duché. La nature, qui vous a donné cette beauté et ce génie superbes, vous destinait à tenir le premier rang en Europe. Ne vous y trompez pas. Là où sont l'esprit et la beauté sera bientôt la puissance. C'est par la grâce que les femmes ont gouverné et gouverneront éternellement le monde.

A ces mots, il se jeta à genoux devant elle, et voulut lui baiser les mains; mais elle se dégagea avec indignation.

— En d'autres termes, monsieur le comte, dit-elle, vous me proposez d'être votre maîtresse, et ne daignez même pas me faire l'honneur de m'épouser. Sortez, monsieur; si mon frère était ici, votre insolence recevrait son châtiment. Sortez! Vous insultez une femme sans défense; vous avez la lâcheté de faire exiler son défenseur naturel que vous n'auriez osé regarder en face...

— Moi! je reculerais devant un Karl Brünner! dit le comte, tremblant de colère. Deux fois nous nous sommes rencontrés les armes à la main. Deux fois le hasard l'a sauvé, mais qu'il prenne garde à la troisième !

— Il est d'un noble cœur de menacer les absents, dit ironiquement Wilhelmine.

Schauenstein garda le silence pendant quelques instants et réfléchit. Son amour, qui n'avait été d'abord qu'un caprice, devenait une passion véritable, mêlée de vengeance et de haine; il voulait punir cette orgueilleuse Wilhelmine qui venait de l'humilier si cruellement; mais, pour cela, il fallait éviter de rompre avec elle; il fallait se ménager les moyens de rentrer en grâce et de faire une tentative nouvelle. Il parvint à se contenir : il rendit à sa physionomie une feinte tranquillité, et faisant tout à coup volte-face :

— Oublions, dit-il, mademoiselle, les paroles que nous avons prononcées tous deux. Pardonnez-moi les emportements d'une passion dont je ne suis plus maître, et ne voyez en moi qu'un ami.

Wilhelmine fit un geste négatif.

— Je sais, mademoiselle, que cette amitié vous sera longtemps suspecte, et je n'ose croire qu'elle soit jamais pure de tout mélange; mais qu'importe? Si je vous aime comme un amant, je ne vous importunerai plus de mes prières; je ne vous parlerai plus de ma passion; je vous aimerai en silence. N'est-ce pas tout ce que la vertu la plus sévère peut exiger? Croyez-moi, je suis sincère dans mon amitié comme dans ma haine. Je veux moi-même faire lever l'obstacle qui s'oppose au retour de Karl. Je veux lui rendre sa patrie et la femme qu'il aime. Je veux vous rendre votre mari. Serez-vous contente de moi, Wilhelmine? Je ne demande pour prix de mes efforts que de m'asseoir quelquefois à votre foyer comme un ami. Me le permettez-vous?

Wilhelmine hésitait à répondre. Ce brusque changement ne lui inspirait pas grande confiance; et cependant elle connaissait assez le caractère violent et orgueilleux de Schauenstein pour croire qu'il ne s'abaisserait pas volontiers à la trahison. Elle se voyait seule, et, jusqu'au retour de son frère, craignait les violences de cet amant si redoutable. Elle se voyait sans protecteur, et jugeait nécessaire de paraître croire aux protestations du comte. S'il n'était pas sincère, peut-être l'obligerait-on, par cette confiance apparente, à différer toute entreprise nouvelle. Ces réflexions se présentèrent rapidement à sa pensée. Elle prit enfin son parti.

— Monsieur le comte, dit-elle, j'aime à croire qu'un gentilhomme de votre naissance et de votre réputation ne voudrait pas déshonorer ses aïeux et lui-même par un mensonge. Je crois à la sincérité de vos paroles, mais permettez-moi de me défier un peu du sentiment qui vous les dicte. Vous pouvez vous faire illusion à vous-même. Je crois à votre amitié, mais donnez-m'en une preuve sur-le-champ.

— Laquelle? s'écria Schauenstein avec chaleur. Faut-il donner mon sang et ma vie? faut-il?...

— Je vous remercie, monsieur le comte, je sais que vous faites peu de cas de votre vie, et malheureusement aussi de celle des autres hommes; mais je suis moins exigeante. Éloignez-vous pour quelque temps de Dietz, et ne revenez, si vous voulez revenir, que lorsque le retour de Karl m'aura prouvé la sincérité de votre amitié.

— Ah! cruelle! A quelle épreuve mettez-vous mon amour!

— Vous voyez, monsieur le comte, combien j'avais raison de me défier de votre sincérité. Dès le premier mot, vous retombez dans vos erreurs passées.

— Vous avez raison, dit Schauenstein en souriant, et en cela, comme en tout le reste, je reconnais votre admirable sagesse. Je vous obéirai, Wilhelmine, et demain je quitterai Dietz. Dans six semaines, quelque part que soit celui que vous me préférez, je vous jure qu'il pourra librement revenir près de vous.

A ces mots il s'inclina respectueusement et baisa la main que Wilhelmine lui tendait, non sans quelque hésitation. Il retourna chez le pasteur Justus Steinbach. Quand il fut hors de la maison, il étendit le bras avec menace :

— Ah! belle orgueilleuse, dit-il avec fureur, je jure par le Dieu vivant que tu m'appartiendras un jour, et que tu t'abaisseras devant moi, comme je me suis abaissé devant toi ce soir. Je te briserai comme un roseau, et je te rendrai les tourments que tu m'as fait subir. Tu verras un jour ta beauté souillée et déshonorée, et ton nom sera l'opprobre de ta famille. Et quant à ton fiancé, si jamais il remet le pied en Allemagne, je vengerai d'un seul coup toutes mes injures et je le tuerai comme un chien.

La tête remplie de ce beau projet, et souriant déjà à sa vengeance, il rentra chez Justus Steinbach, et sans daigner dire un mot à personne il alla se coucher. Le lendemain, il partit pour Heidelberg.

De son côté, Wilhelmine, mal tranquillisée par les protestations d'amitié de son farouche amant, écrivit à Brandt la lettre suivante :

« Mon cher Marcus, reviens aussitôt que tu auras reçu ce billet. Je crains quelque grand malheur. Je ne puis me fier qu'à toi. Adieu. Je t'embrasse tendrement.

« Ta Wilhelmine. »

Marcus, effrayé du ton mystérieux de cette lettre, partit aussitôt pour Dietz. Il arriva trois jours après le départ de Schauenstein. A peine instruit de ce qui s'était passé, il serait allé à la recherche du comte s'il n'avait craint de laisser sa sœur exposée aux entreprises violentes de ce libertin sans foi et sans principes. Il résolut de ne jamais la quitter jusqu'à ce que le retour de Karl l'eût dégagé de ce devoir fraternel.

XIII

Perfidie nouvelle.

Le comte de Schauenstein avait repris Bauer à son service, et ce ténébreux coquin, moitié pour servir les desseins de son maître, moitié dans l'intérêt de sa propre vengeance, cherchait sans cesse quelque moyen de nuire à Karl Brünner, et de mettre Wilhelmine au pouvoir du comte. Un matin, il entra triomphant dans l'appartement de Schauenstein.

— Monsieur le comte, dit-il, j'ai trouvé un moyen infaillible de brouiller à jamais ces deux amoureux.

— Voyons ce moyen.

— Gertrude est accouchée hier.

— Gertrude? Qui est cette Gertrude?

— Monseigneur n'a pas oublié, dit Bauer d'un air fat, cette petite cabaretière qui a aidé à l'évasion de Brünner, et qui a eu autrefois des faiblesses pour votre serviteur.

Et, tout en parlant, il se rengorgeait dans sa cravate.

—Tu veux de l'argent pour payer sa layette. C'est trop juste. Avoir accepté un magot tel que toi !

— Pas si magot, monseigneur, ou les femmes ont bien mauvais goût!

— C'est bon. Je te fais grâce du récit de tes bonnes fortunes, affreux Cupidon. Voici dix louis, et laisse-moi tranquille.

— J'accepte pour faire plaisir à monseigneur, dit Bauer; mais monseigneur se trompe. Gertrude n'a pas besoin d'argent pour payer sa layette. Gertrude est riche, grâce aux présents de ce Brünner.

— Eh! pourquoi viens-tu m'ennuyer du récit de ses couches?

— Ma foi! monseigneur, je suis père de l'enfant, et, après tout, on est toujours flatté d'avoir fait des victimes.

— Ce misérable, pensa Schauenstein, me dégoûterait du métier de don Juan. Cela veut avoir des bonnes fortunes comme un grand seigneur. Pouah! quelle hideuse canaille!

Ne faut-il pas, par hasard, dit-il tout haut à Bauer, que je t'accompagne au temple et que je sois le parrain de tes bâtards?

— Oh! monseigneur, ce serait trop d'honneur pour un fidèle serviteur comme moi, quoique... si l'idée pouvait en venir à monseigneur... mais ce n'est pas cela qui m'amène aujourd'hui.

— Parle donc.

— Monseigneur sait que Gertrude a longtemps avec sa mère balayé la chambre de Brünner, raccommodé son linge et ses habits, épousseté ses livres. Monseigneur ne pense-t-il pas que si une bonne lettre anonyme apprenait cette circonstance et les couches de Gertrude à mademoiselle Wilhelmine, cette demoiselle, qui est aussi fière qu'une grande dame, serait brouillée éternellement avec son fiancé, et que l'absence de Brünner rendrait toute explication impossible?

— Parfait, dit Schauenstein, et tu t'imagines que je vais écrire une lettre anonyme à Wilhelmine?

— Pourquoi non, monseigneur? Je l'écrirais bien en pareille occasion.

— Comment, drôle, tu crois qu'un Schauenstein serait capable de faire ce que tu fais toi-même?

Et, tout en parlant, le comte indigné leva sa canne sur Bauer. Celui-ci l'attendit de sang-froid.

— Monseigneur, dit-il, je vous répondrai comme cet ancien : « Frappe, mais écoute. » Qui vous oblige d'écrire la lettre vous-même?

— Eh! que j'écrive moi-même ou que tu me serves de secrétaire, n'est-ce pas la même chose?

—Distinguons, monseigneur. Si vous m'ordonnez d'écrire, c'est à peu près comme si vous écriviez vous-même; mais si, ne prenant conseil que de mon zèle, j'écrivais la lettre sans y être autorisé par vous, l'effet serait le même et l'honneur de la maison de Reuss-Lippe-Schleiss-Hohenzollern de Schauenstein serait sauvé de toute atteinte. Vous en seriez quitte pour me désavouer. Manger les marrons qu'un pauvre diable a tirés du feu, n'est-ce pas un usage de grand seigneur?

Le comte réfléchit.

— Ton idée me plaît, dit-il, mais, quelle que soit l'écriture, Wilhelmine devinera sans peine d'où part le coup qui la frappe. C'est ma main qu'il faut cacher. Creuse ton idée. Le fond en est bon, mais la forme est grossière et bonne tout au plus...

— Pour des gens grossiers et mal cultivés, dit Bauer en riant. Je chercherai autre chose.

Le soir il avait trouvé un moyen plus délicat et

plus ingénieux. Il entra chez Gertrude. La pauvre fille était au lit, fort souffrante, et ne s'aperçut pas de son entrée. La mère le reçut fort mal.

— Eh bien, dit-elle, te voilà, sac à vin, gibier de potence. Que viens-tu chercher ici?

— La mère, dit l'espion, ayez plus de respect pour votre futur gendre. Comment se porte Gertrude?

— Fort bien, dit la mère, pourvu qu'elle ne voie pas ta face de chien.

— Et l'enfant?

— L'enfant est mort ce matin, grâce au ciel! La pauvre petite créature ne connaîtra jamais son père.

— Nous sommes tous mortels, dit Bauer en levant les yeux au ciel. Gertrude n'a-t-elle besoin de rien?

— Non, âme de damné, grâce aux soins de ce bon M. Brünner, que Dieu bénisse!

— Votre cabaret est bon, à ce que je vois? Les ouvriers payent bien.

— Qu'est-ce que cela te fait, coquin? tu n'as rien à prendre ici.

— Écoutez, la vieille, ce que je vais vous dire est dans votre intérêt, et pour vous seule. Je m'intéresse à vous, quoique vous me traitiez comme un chien. J'ai de l'amitié pour vous.

— Garde ton amitié, gredin, et va te faire pendre.

— Vous êtes pauvres...

— Qu'est-ce que cela te fait? Sommes-nous à ta charge ?

— Gertrude est généreuse et ne pense pas à l'avenir. Quelque jour vous serez sur la paille.

— Et toi sur le fumier.

— Peu importe. Vous savez que M. Brünner, en partant, a recommandé à son ami Brandt de veiller sur Gertrude et de lui donner tout ce dont elle a besoin...

— Mais elle n'a besoin de rien.

— Besoin de rien! N'est-il pas honteux qu'à votre âge, déjà vieille et presque infirme, vous n'ayez pas une retraite assurée pour votre vieillesse, que depuis deux hivers vous portiez la même robe, que vous n'ayez pas tous les matins une demi-bouteille d'eau-de-vie pour déjeuner? N'est-ce pas de l'ingratitude de la part de Gertrude?

— Il est vrai, dit la vieille, qu'elle me laisse manquer de tout.

— Je le savais bien, dit hypocritement Bauer. Une fille qui vous doit tant!

— Je me suis épuisée pour elle, dit la vieille ; sitôt qu'elle a été en état de travailler, je l'ai mise en apprentissage, je lui ai donné les meilleurs principes et les meilleurs exemples. Ce n'est pas ma faute si elle a mal tourné.

— Ce n'est pas la mienne, non plus, dit Bauer. Je l'exhortais sans cesse à la vertu, je l'aurais épousée, si ce vaurien d'étudiant...

— De quel vaurien voulez-vous parler? dit la vieille.

— De l'amant de Gertrude, de Karl Brünner.

La vieille femme regarda l'espion de travers.

— Je sais ce que vous voulez dire, reprit-il. C'est moi que vous avez accusé de ce malheur, mais j'en suis innocent, j'en prends Dieu à témoin. Je prédisais souvent à cette pauvre Gertrude ce qui lui est arrivé. N'écoute pas les discours dorés de ces jeunes gens, lui disais-je, ces étudiants ne cherchent qu'à perdre les pauvres filles. Rien n'a pu l'arrêter, et aujourd'hui vous voilà grand'mère sans l'avoir désiré.

— Passe ton chemin, hypocrite, dit la vieille. M. Brünner n'a jamais touché à ma fille le bout des doigts; et c'est bien malheureux, car si elle l'avait pris pour amant au lieu de toi, horrible singe, il n'aurait jamais abandonné ni elle, ni son enfant, ni sa pauvre mère.

— Silence, la vieille! dit Bauer en mettant son

doigt sur la bouche d'un air de mystère. Que Gertrude ait été la maîtresse de M. Brünner, de moi ou d'un autre, peu importe. J'ai trouvé, sans bourse délier, un moyen de faire votre fortune et celle de votre fille.

— Ma fortune! dit la mère de Gertrude avec défiance. Est-ce qu'un coquin comme toi peut être bon à quelque chose?

— A quoi me servirait d'être un coquin, dit Bauer avec sang-froid, si je ne m'en servais pas pour faire ma fortune et la vôtre? Autant vaudrait alors rester honnête homme et mourir à l'hôpital.

— Voyons ta recette, dit la vieille femme à demi persuadée.

— Karl Brünner, en partant, a chargé son ami Brandt de venir au secours de Gertrude, si elle en avait besoin. C'est Brandt qui est chargé de disposer de la fortune de son ami et qui la tient entre ses mains. Allez demain à Dietz, chez M. Sombrefor; adressez-vous à Mlle Wilhelmine, la sœur de Brandt; elle est bonne et compatissante; parlez-lui de votre misère et des couches de Gertrude; surtout expliquez-lui que M. Brünner est le vrai père de l'enfant, et ne dites pas que cet enfant est mort. Brandt n'a rien à refuser à sa sœur, et croira remplir un devoir en vous donnant de l'argent.

— Mais, dit la vieille femme, ce n'est pas une action honnête d'attribuer à un jeune homme un enfant dont il n'est pas le père.

— Bah! qu'est-ce que cela fait? Les jeunes gens n'y regardent pas de si près. Karl sera flatté qu'on le croie l'amant de votre fille.

— Je vais en parler à Gertrude.

— Gardez-vous-en bien, dit l'espion. Vous ne la connaissez pas. C'est une bonne fille qui croirait manquer à son devoir en faisant cet innocent mensonge, et qui vous laissera mourir de faim mille fois plutôt que de faire la moindre démarche pour vous sauver.

— Tout cela est bel et bon, reprit la vieille femme; mais, d'un côté, Gertrude le saura, et se mettra dans une grande colère, elle se séparera peut-être de moi; de l'autre, Brandt et sa sœur peuvent me refuser l'argent, et j'aurai fait une fort mauvaise action gratuitement.

Bauer la regarda dans les yeux en souriant.

— Bon! dit-il, je vois que nous nous entendons, la vieille. Plus fin que vous n'est pas bête. Eh bien! sachez donc qu'en faisant ce que je vous dis vous ne fâcherez pas Gertrude, qui ne saura jamais, si vous le voulez, la démarche que vous aurez faite en son nom; et, de plus, vous ferez plaisir à un grand seigneur qui vous récompensera fort bien, quoi qu'il arrive.

— Ah! ah! voilà donc le pot aux roses! Je savais bien, gredin, que tu ne pouvais me proposer qu'un marché infâme.

— Encore des gros mots! J'y renonce. Qu'importe, la vieille, que je gagne quelque chose à ce marché si tu retires ton épingle du jeu? Va, celui qui t'emploie est assez riche pour te bien payer tes mensonges et tes remords.

— Puisque c'est un grand seigneur, dit la vieille femme, je veux deux cents thalers.

— Tu les auras.

— Pour moi, et cent thalers pour ma chatte.

— O vieille juive!

— Juive ou non, cela m'est égal. Ce n'est pas moi qui ai besoin de ce seigneur; c'est lui qui a besoin de moi.

— Va pour trois cents thalers.

— Et pour ma fille deux cents thalers, dont elle héritera après ma mort.

— Est-ce tout?

— Oui, mais je veux être payée comptant et d'avance.

Bauer sortit en se frottant les mains, et revint quelques instants après, apportant l'argent. La vieille femme vida le sac sur la table, empilant les thalers dont le bruit argentin éveilla Gertrude, qui dormait à l'étage supérieur.

— Où donc as-tu pris tant d'argent? cria-t-elle à sa mère.

— Es-tu folle? reprit aigrement la mère. Où veux-tu que j'aie pris de l'argent? ne sommes-nous pas plus pauvres que des rats de l'église?

Gertrude, fatiguée, se retourna dans son lit et s'assoupit.

Sa mère passa la plus grande partie de la nuit à boire de l'eau-de-vie et à faire d'innombrables calculs sur l'emploi de cet argent, si vite et si misérablement gagné. Le lendemain matin elle partit pour Dietz, après avoir caché ses thalers au fond d'une armoire et confié à une voisine la garde de Gertrude et du cabaret.

Il était midi, et Wilhelmine était assise au coin du feu avec son grand-père lorsqu'on vint l'avertir qu'une vieille femme d'apparence misérable demandait à lui parler. Brandt était absent, et la jeune fille sans défiance alla au-devant de la mère de Gertrude. Elle était alors de la plus belle humeur du monde. Une lettre de Karl, l'espérance de son retour, la certitude qu'elle était tendrement aimée, et que tout ce qu'elle aimait allait bientôt se réunir autour d'elle, ajoutaient encore à la grâce naturelle de ses traits. Ses beaux cheveux blonds, fins, épais et soyeux, arrangés avec une négligence coquette, descendaient sur son cou blanc et poli comme un bloc de marbre. Ses yeux divins rayonnaient de douceur, de tendresse et d'esprit. Elle avait la taille et la légèreté de la *Diane de Gabies* avec une grâce plus féminine. Elle réunissait la mollesse et la douceur des belles Allemandes au charme piquant et indescriptible des Parisiennes les plus renommées. Comme elle n'avait jamais vu que son village, sa famille et ses amis, elle ne cherchait à imiter personne; elle suivait la seule nature et rencontrait sans effort la noblesse et la simplicité qu'elle ne cherchait pas.

La vieille mégère, en la voyant, fut saisie d'une involontaire admiration ; mais ce sentiment fit bientôt place à une jalousie cruelle, celle de la laideur, de la vieillesse et du vice contre la beauté, la jeunesse et la vertu. Elle devina le but de ce complot dont elle se faisait l'instrument, et elle eut presque un mouvement de joie : elle comprit qu'elle allait désespérer cette ravissante créature, et cette idée la consola de son propre abaissement.

Après une assez longue entrée en matière dans

laquelle la vieille femme exposa tous ses malheurs, sa misère profonde, elle en vint à l'objet de sa visite.

— Ma bonne demoiselle, dit-elle en pleurant, c'est une chose bien dure à mon âge que de mendier; mais la nécessité m'y force. Ma fille, ma pauvre fille (ah! Dieu lui fait cruellement expier sa faute!) est devenue enceinte; elle est accouchée hier, et si le père de l'enfant ne vient pas à son secours, ma bonne demoiselle, nous sommes perdus tous trois, moi, ma fille et son petit nouveau-né.

— Vous êtes-vous adressée d'abord à M. Justus Steinbach? dit Wilhelmine qui crut avoir à secourir une mendiante ordinaire. C'est lui qui est chargé de distribuer tous les secours dans la paroisse.

— Hélas! ma bonne demoiselle, M. le pasteur est un homme respectable, j'en suis bien sûre; mais il n'aime pas à secourir les filles perdues, comme on dit. Les pasteurs sont toujours durs pour les pauvres gens. N'est-ce pas d'ailleurs à celui qui a fait la faute de la réparer? Je n'ose m'adresser moi-même à M. Brandt; il me repousserait peut-être; mais vous, mademoiselle, qui êtes bonne comme les anges du ciel, vous excuserez ma démarche en faveur de ma misère profonde.

Wilhelmine fut saisie d'étonnement et de compassion.

— Ma pauvre femme, dit-elle, je ne demande pas mieux que de vous recommander à mon frère et de vous secourir moi-même ; mais quel rapport y a-t-il entre Marcus et votre fille?

— Aucun, ma bonne demoiselle. Je vois bien que vous ne me comprenez pas. Ce n'est pas M. Brandt qui est le père de mon petit-fils; c'est son ami, qui l'a chargé de ses affaires, c'est M. Karl Brünner.

Jamais nom ne fut lancé plus à propos et ne produisit un effet plus cruel. Wilhelmine demeura immobile et comme frappée de la foudre. Elle pâlit et ses yeux se remplirent de larmes.

— Quoi! pensait-elle, ce Karl que j'aimais tant, qui m'a fait mille serments d'amour, qui jurait de n'aimer jamais que la patrie et moi; ce Karl, au même moment, était l'amant d'une autre femme!

L'orgueil blessé, l'amour trahi, la fidélité aux serments violée se présentèrent en même temps à l'esprit de la jeune fille et lui causèrent l'émotion la plus vive et la plus douloureuse qu'elle eût jamais éprouvée. Elle n'en fit rien voir, néanmoins, et, surmontant sa douleur avec une fierté toute romaine, elle ne songea qu'à secourir sa prétendue rivale. Elle voulut se venger à force de générosité, et faire comprendre à Karl tout le prix de l'amour qu'il venait de perdre. Dès ce jour, sa résolution était prise de lui reprocher sa perfidie et de ne le revoir jamais.

Cependant la vieille mégère attendait en silence l'effet de son discours.

— Asseyez-vous un instant, dit Wilhelmine, je vais revenir.

Au même moment, sans consulter ni Marcus ni le vieux Sombrefer qui dormait au coin de la cheminée, elle monta dans sa chambre, prit sa bourse qui contenait quelques centaines de thalers, fruit des économies de plusieurs années, et la donna à la vieille femme.

— Tenez, dit-elle, voici la somme que M. Brünner destinait à votre fille. Donnez-moi un reçu écrit de votre main. Il est inutile de vous adresser à mon frère. Il n'a rien de plus à vous donner.

La vieille hésita quelques instants, et écrivit sous la dictée de Wilhelmine un billet par lequel elle reconnaissait avoir reçu de la jeune fille, agissant au nom de Karl Brünner, la somme de trois cents thalers qui devait être placée sur la tête de l'enfant de Gertrude et de l'étudiant.

Puis elle signa et sortit. Elle sentit bien quelque remords, mais la vue de ses bienheureux thalers lui rendit le courage et l'effronterie. En rentrant dans sa maison, elle eut grand'peine à ne pas trahir sa joie; elle buvait et chantait à tue-tête d'une voix aigre et fêlée. Gertrude, accoutumée à ce spectacle, ne s'en étonna pas, et tout rentra bientôt dans l'ordre accoutumé.

Quant à Wilhelmine, elle s'enferma dans sa chambre pour pleurer plus librement, et ne parut pas au souper. Toutes ses chères illusions s'étaient envolées. Ce héros qu'elle avait aimé, ce philosophe aimable, ce républicain dévoué n'était plus qu'un libertin vulgaire. Plus haut avait été placée l'idole, plus la chute était sans remède. Le mépris avait succédé à l'amour, et ce mépris s'étendait à tous les hommes. S'il avait pu la tromper, lui, cet amant presque idéal, que devaient être tous les autres hommes? A peine pardonnait-elle à Marcus lui-même d'appartenir à ce sexe perfide et méprisable. Les grandes âmes n'admettent pas de transaction.

Le lendemain, Wilhelmine se leva, les yeux rouges et fatigués encore des pleurs de la veille, mais elle refusa de faire confidence à son grand-père ou à son frère du motif de ses chagrins. Elle craignait de s'exposer aux plaisanteries, et, comme tous les cœurs délicats et sensibles, elle ne faisait pas volontiers l'aveu de ses souffrances.

Brandt s'en aperçut, mais n'osa la presser de parler. Souvent la main d'un ami, en sondant la blessure, l'agrandit encore et la rend mortelle. Il essaya de parler du retour prochain de Karl. Wilhelmine ne témoigna aucune joie, et parut indifférente à ce souvenir. Brandt craignit l'effet de quelque machination de Schauenstein, mais il ne put éclaircir la question. Il devint triste à son tour de la tristesse de sa sœur, car tout était commun entre eux.

De son côté, Schauenstein triomphait du succès de sa ruse, et voulait laisser la douleur de Wilhelmine se calmer avant de lui offrir de nouveau son amour. Il ne doutait pas cette fois d'être bien accueilli.

Sur ces entrefaites, le 24 février 1848, pendant que Paris proclamait la république, Karl Brünner partait pour Dietz plein de joie et d'espérance.

XIV

Le retour.

Que la patrie est belle après une longue absence! qu'il est doux de revoir le clocher du village où l'on a respiré pour la première fois l'air pur et fortifiant de la campagne, les grands arbres du haut desquels on est tombé si souvent en cherchant les fruits verts ou les nids des oiseaux, la colline ombragée de chênes, où l'on s'asseyait au soleil couchant, la main sur le livre ouvert, le regard dans les nuages!

Notre ami Karl courut comme un trait de Paris à Strasbourg. Le merveilleux spectacle de Paris tout entier armé et veillant sur lui-même ne le retint pas un instant. Il ne songea pas davantage aux conséquences que cette révolution devait avoir en Allemagne. Il ne songeait plus à la politique, ni à la philosophie, ni à l'unité des races allemandes, ni à rien si ce n'est à Wilhelmine. La révolution avait levé tous les obstacles. Les exilés de tous les pays rentraient la tête haute, le regard assuré, le cœur attendri et enthousiasmé par l'espérance d'un meilleur avenir. Karl entra dans Heidelberg, déjeuna et partit aussitôt pour Dietz. Il allait à pied, un bâton à la main, courant et chantant pour tromper son impatience. Il entonnait d'une voix puissante *la Marseillaise,* hymne de la liberté. Il rêvait en même temps au bonheur de revoir Wilhelmine. Le reconnaîtrait-elle après une si longue absence? L'aimerait-elle toujours? Le vieux Sombrefer vivrait-il encore? Et le fidèle Brandt? Que d'amis à revoir! que de bonheur!

Il n'avait pas voulu annoncer d'avance son arrivée : il espérait surprendre ses hôtes. Il y a dans le premier regard et dans la première surprise une révélation involontaire de l'amour vrai et de l'amitié sincère. Karl comptait sur ce premier regard de Wilhelmine. Il était bien loin de la triste réalité.

Quand il entra dans la maison, personne ne vint à sa rencontre. Le vieux Sombrefer était malade et couché. Brandt chassait. Wilhelmine était seule et travaillait. Au bruit que fit Karl en entrant, elle leva les yeux, le reconnut et poussa un cri de surprise, puis elle prit un air glacial.

Karl s'était précipité à ses genoux et cherchait à baiser ses mains. Elle se leva froidement et lui dit :

— Monsieur, mon grand-père est malade et ne peut pas vous recevoir. Mon frère est à la chasse.

Et elle fit mine de se retirer.

— Wilhelmine, s'écria Karl consterné, est-ce vous qui parlez? Ne me reconnaissez-vous pas? Ne suis-je pas Karl, votre fiancé, celui qui vous adore et qui donnerait sa vie pour vous?

— J'ai connu monsieur Karl Brünner, dit Wilhelmine, l'ami de mon grand-père et de Marcus. S'il était mon fiancé, il ne l'est plus.

— Est-il possible! dit le pauvre Karl. Était-ce la fin d'un amour qui devait faire le bonheur de ma vie? Ne m'aimez-vous plus, Wilhelmine? Aimez-vous un autre que moi?

— Brisons là, monsieur Brünner, répondit Wilhelmine, je n'aime ni vous ni personne. Il ne me convient pas d'entrer dans une explication plus longue.

Elle voulut sortir pour la seconde fois.

— Wilhelmine, dit Karl avec passion, au nom du ciel, que signifie ce cruel changement ? Voulez-vous me faire mourir de désespoir?

— Ne mourez pas, monsieur, vivez et conservez-vous pour vos enfants et pour leur mère.

— Pour mes enfants! pour leur mère! dit Karl stupéfait.

La jeune fille ouvrit un secrétaire, y prit le reçu de la mère de Gertrude et le tendit à Karl.

Celui-ci lut cet étrange billet, et, sans comprendre encore toute l'intrigue, en devina l'auteur.

— Wilhelmine, dit-il, chère Wilhelmine, au nom du ciel, ne me condamnez pas encore. Attendez le retour de Marcus. Lui seul pourra vous expliquer et vous démontrer mon innocence. Jusque-là, croyez-moi, nous sommes victimes tous deux de la perfidie de quelque misérable.

Le ton et l'accent du jeune homme attestaient sa sincérité. Wilhelmine se repentit de l'avoir trop tôt condamné; elle était ravie de l'espoir qu'il allait se justifier. Leur attente ne fut pas longue. Brandt rentra bientôt, portant un lièvre dans sa carnassière. A la vue de Karl, il poussa un cri de joie et l'embrassa tendrement.

Alors, sans lui laisser le temps de se reconnaître, Karl lui apprit les affreux soupçons de Wilhelmine et le pria de raconter lui-même quelles relations il avait eues avec Gertrude; comment il avait, par pure générosité, tiré cette pauvre fille de la misère; comment elle l'avait, à son tour, caché dans sa fuite et sauvé des mains de la police; comment, enfin, Bauer était le vrai père de l'enfant.

Le soir même, Karl et son ami partirent ensemble pour Heidelberg et amenèrent à Dietz la vieille mère de Gertrude et Gertrude elle-même qui était entièrement guérie. Cette pauvre fille fit en rougissant l'aveu de sa faute et força sa mère d'avouer l'horrible trahison dont elle avait été complice. Gertrude voulut aussi rendre l'argent que sa mère avait extorqué par un mensonge à Wilhelmine, mais Karl la força de le garder.

— Cet argent, dit-il, fera les frais de sa noce avec le sergent.

Gertrude sourit et avoua que le sergent, qui venait d'obtenir son congé, devenait si pressant que la noce ne tarderait guère, bien que la couronne de fleurs d'oranger dût manquer à la mariée.

Quand la mère et la fille furent sorties, Karl regarda Wilhelmine. Celle-ci lui tendit la main avec tant de grâce, de tendresse et de charme, que le bon théologien n'osa lui faire aucun reproche.

— J'ai mérité, dit-elle, d'être punie de ma crédulité. Choisissez vous-même le genre de punition.

— Eh bien, dit gaiement Karl, vous m'épouserez dans huit jours.

— Accepté, dit Wilhelmine.

Le vieux Sombrefer et Marcus ratifièrent sa promesse. Le lendemain, Karl prit son ami à part :

— Mon cher Marcus, dit-il, mon bonheur n'est pas complet.

— Que te manque-t-il donc, être insatiable ?

— Ce Bauer, qui a poussé la mère de Gertrude au mensonge, n'est pas notre plus redoutable ennemi. Crois-tu par hasard que l'argent qu'il a donné à cette vieille femme soit sorti de sa bourse?

— J'y pensais, dit Brandt; mais je remettais à quelques jours ma vengeance, pour ne pas attrister notre chère Wilhelmine.

— Ta vengeance? dit Karl.

— C'est bien simple. Je suis de droit et de fait le chef de la famille : donc...

— Donc, interrompit Karl avec autorité, quel que soit l'ennemi, cet ennemi est à moi.

— Par Pollux! reprit Brandt, je ne le souffrirai pas, et le misérable aura affaire à moi.

— Sachons d'abord qui il est, dit Karl, et ne vendons pas la peau de l'ours avant de l'avoir jeté par terre.

Le lendemain, Bauer se promenait tristement hors de Heidelberg, lorsqu'il se vit abordé par Karl et Brandt. Chacun d'eux tenait à la main un bâton noueux, solide et pesant, qui ôta à l'espion toute envie de résister. Les deux amis le conduisirent dans un petit bois près de la route. Bauer tremblait de peur en voyant ces préparatifs.

— Mes bons messieurs, dit-il, voulez-vous m'assassiner ?

Sans prononcer un seul mot, ils lui donnèrent une vingtaine de coups de bâton. Le malheureux se tordait de douleur.

— C'est assez, dit Karl. Je te l'avais promis, camarade. Que cette leçon t'empêche dorénavant de te mêler de mes affaires.

— Ce n'est pas tout, ajouta Brandt. Qu'il dise quel est le grand seigneur qui l'a payé pour commettre cette action infâme.

— C'est le comte de Reuss-Lippe-Schleiss-Hohenzollern-Schauenstein, répondit Bauer.

— Je m'en doutais, reprit l'étudiant. Va-t'en, coquin, et sois plus prudent à l'avenir, sinon plus honnête homme.

Bauer s'enfuit sans regarder derrière lui.

— Maintenant, dit Karl, c'est au tour de M. le comte.

— Cela n'est pas juste, reprit Brandt. Mes droits sont supérieurs aux tiens, et s'il meurt il ne mourra que de ma main.

— Il me vient une idée. Tirons au sort à qui l'aura.

Le sort favorisa Karl. Brandt en fut doublement affligé. Il perdait sa vengeance et craignait pour la vie de son ami et pour le bonheur de Wilhelmine. Cependant, la convention étant expresse, il fallut céder.

Tous deux se présentèrent chez le comte de Schauenstein. Celui-ci faisait ses préparatifs pour retourner à Berlin. Il commençait à s'inquiéter de l'agitation de l'Allemagne. On parlait d'une insurrection prochaine. Son étoile pâlissait; l'inquiétude de l'avenir avait diminué cette confiance fanfaronne qui faisait sa force. Il reçut la provocation de Karl avec gravité et promit de se trouver au rendez-vous le lendemain, dans une prairie, sur les bords du Necker.

— J'espère, monsieur, dit-il en terminant, que ce duel sera sérieux et que vous me ferez grâce cette fois de vos plaisanteries sur la corde et sur la potence.

— Vous pouvez y compter, monsieur, répondit Karl. C'est un duel à mort. N'amenez qu'un témoin. Mon ami Brandt, qui va devenir mon beau-frère, consent à être le mien.

— Votre beau-frère, monsieur? dit le comte. Ah! je me souviens, vous êtes plus heureux que moi en amour : mais prenez garde, rien n'est plus près de l'extrême infortune que le bonheur extrême.

— Cette sentence doit être d'Euripide, dit Karl, et je suis fâché qu'un gentilhomme si savant n'ait pas mieux connu et respecté les lois de la morale éternelle. Je ne serais pas obligé de lui brûler demain la cervelle.

— Il y aura une cervelle brûlée, à coup sûr, dit Schauenstein. Dieu seul peut savoir laquelle : mais si j'en crois les apparences, vous serez le sixième, monsieur, que j'aurai envoyé rejoindre ses pères avant le temps.

— Bon espoir, monsieur le comte, dit Karl, à demain!

Le lendemain, Schauenstein se rendit sur le terrain, avec un capitaine badois. Les deux amis l'attendaient. On régla en peu de mots les conditions du combat. Le comte, étant fort supérieur à Karl dans le maniement des armes, consentit à se battre au pistolet à la distance de cinq pas. Les deux pistolets furent chargés, l'un à poudre, l'autre à balle; on les tira au sort et les deux adversaires se mirent en face l'un de l'autre. Tous deux attendirent le signal avec une égale intrépidité.

Brandt frémissait. Le capitaine badois, moins ému, donna le signal en frappant trois fois dans ses mains.

Les deux coups partirent en même temps, et Marcus ferma les yeux.

Quand il les rouvrit, Karl le serrait dans ses bras.

— Allons donc, ami, lui dit-il, est-ce que tu trembles? Ce pauvre Schauenstein est mort, je crois.

Le comte, frappé au cœur, était tombé sur la face. Le capitaine le souleva, vit qu'il était mort, salua les deux amis et le fit emporter dans sa voiture. Il fut enseveli avec tous les honneurs dus à son rang, et il n'y eut pas de poursuites. Karl étant Prussien, on feignit d'ignorer quel était l'adversaire du comte. Ses amis, trop occupés d'eux-mêmes et de la révolution qui les menaçait, ne firent aucune recherche.

Quand les deux amis revinrent à Dietz, Brandt raconta ce qui s'était passé. La belle Wilhelmine eut beaucoup de peine à pardonner à son fiancé d'avoir risqué sa vie dans une semblable querelle la veille même du mariage, mais il se défendit si bien et fut soutenu avec tant de chaleur par Brandt et le vieux Sombrefer lui-même qu'elle finit par lui rendre ses bonnes grâces.

Un mois après, Brandt, nommé député à l'assemblée de Francfort, laissa Karl et la belle Wilhelmine dans la douce ivresse de la lune de miel.

Gertrude elle-même épousa le sergent congédié, et les deux époux furent fort heureux et vécurent en très-bonne intelligence. Bauer essaya d'abord d'en rire, mais il fut rencontré un soir dans la rue par le sergent et bousculé de telle sorte qu'il n'osa plus jamais faire allusion au passé de Gertrude.

Ravinet fut nommé plénipotentiaire auprès de je ne sais quelle cour allemande, et Radzynsky alla se battre à Vienne et en Hongrie contre les Croates.

Enfin, sans la mort du vieux Sombrefer, qui arriva trois mois après le mariage de sa petite-fille, jamais un nuage n'aurait altéré le bonheur de Karl et de Wilhelmine.

FIN.

TABLE

PARIS. — IMPRIMERIE DE J. CLAYE, RUE SAINT-BENOIT, 7.

www.ingramcontent.com/pod-product-compliance
Ingram Content Group UK Ltd.
Pitfield, Milton Keynes, MK11 3LW, UK
UKHW012154240726
13966UKWH00002B/320